徹底検証　教育勅語と日本社会

徹底検証 教育勅語と日本社会

いま、歴史から考える

岩波書店編集部 編

岩波書店

はじめに

二〇一七年三月三一日、日本政府は「憲法や教育基本法等に反しないような形で教育に関する勅語を教材として用いることまでは否定されることではない」という閣議決定を行いました。この閣議決定は、教育勅語の教材としての使用を容認する道を開いたとも報道されました。

この「事件」の直接的なきっかけは、大阪府豊中市の国有地売却をめぐる疑惑報道です。その地に小学校を建設しようとしていた「森友学園」の幼稚園で教育勅語を暗唱する子どもたちの姿がテレビに映し出され、耳目を集めていました。国会でもこの学校法人の教育のあり方が議論になり、教育勅語とは何かがクローズアップされました。

教育勅語は公式には「教育ニ関スル勅語」といい、一八九〇（明治二三）年に明治天皇の名で国民道徳の根源、教育の基本理念を示したもので、人びとのうえに、大きな力をふるうようになりました。とくにアジア・太平洋戦争時には極端に神聖化されたといいます。当時、学校で教育勅語を暗唱させられた記憶をもつ方が現在もご存命です。

教育勅語は戦後日本の民主主義とは相容れない存在として、全否定されてしかるべきもののはずでした。しかし歴史を繙《ひもと》くと、戦後まもない時期から、教育勅語を擁護する議論は折にふれ息を吹き返してきたことがわかります。

全文三一五字の、法律ではない「君主の著作」(井上毅《こわし》)がなぜかくも力をもったのか。それは、一部の人が信奉するにとどまらず、日本人を呪縛しつづけているような何かを、教育勅語が発しているからなのではないか。本書はそんな問題関心にもとづき、教育勅語について多様な切り口から検証するものです。

第Ⅰ部では、教育勅語の成立事情と内容を解説し、続いて教育勅語と「国家神道」の関係について検討を加えます。

第Ⅱ部では、教育勅語から派生する諸問題について、歴史、思想、政治、家族観など、さまざまな着目点にもとづく論考を集めました。

第Ⅲ部では、近年の日本の政治、教育、社会の変化について警鐘を鳴らしてきた論者たちが、教育勅語が現代に投げかける問題を掘り下げます。

日本社会にとって教育勅語とは何なのか。日本の歴史、社会の行く末、日本人とは何かを考えるうえで、本書が新たな発見のきっかけとなることを願っています。

二〇一七年一一月

岩波書店編集部

朕惟フニ我カ皇祖皇宗国ヲ肇ムルコト宏遠ニ徳ヲ樹ツルコト深厚ナリ我
カ臣民克ク忠ニ克ク孝ニ億兆心ヲ一ニシテ世々厥ノ美ヲ済セルハ此レ我
カ国体ノ精華ニシテ教育ノ淵源亦実ニ此ニ存ス爾臣民父母ニ孝ニ兄弟ニ
友ニ夫婦相和シ朋友相信シ恭倹己レヲ持シ博愛衆ニ及ホシ学ヲ修メ業ヲ
習ヒ以テ智能ヲ啓発シ徳器ヲ成就シ進テ公益ヲ広メ世務ヲ開キ常ニ国憲
ヲ重シ国法ニ遵ヒ一旦緩急アレハ義勇公ニ奉シ以テ天壌無窮ノ皇運ヲ扶
翼スヘシ是ノ如キハ独リ朕カ忠良ノ臣民タルノミナラス又以テ爾祖先ノ
遺風ヲ顕彰スルニ足ラン
斯ノ道ハ実ニ我カ皇祖皇宗ノ遺訓ニシテ子孫臣民ノ倶ニ遵守スヘキ所之
ヲ古今ニ通シテ謬ラス之ヲ中外ニ施シテ悖ラス朕爾臣民ト倶ニ拳々服膺
シテ咸其徳ヲ一ニセンコトヲ庶幾フ

明治二十三年十月三十日

御名 御璽

目次

徹底検証　教育勅語と日本社会――いま、歴史から考える

目　次

はじめに

I　歴史のなかの教育勅語

教育勅語の構造 …………………… 高橋陽一 …… 3

「国家神道」と教育勅語 …………………… 齋藤公太 …… 33
——その狭間にあるもの——

II　教育勅語から考える

教育勅語肯定論の戦後史 …………………… 辻田真佐憲 …… 53
——敗戦直後の擁護論から森友学園事件まで——

「口〝誤〟訳」される教育勅語 …………………… 長谷川亮一 …… 73
——戦後の教育勅語受容史——

「おことば」と教育勅語 …………………… 原　武史 …… 97

「教育勅語」と『育児の百科』……井戸まさえ……109
——明治的支配へのアンチテーゼとして——
政治と財界が目指す「明治」的なるものの形……斎藤貴男……123

III 鼎談

教育勅語が照射する現代の社会と教育……寺脇研 青木理 木村草太……147
なぜ今、教育勅語？
日本会議のめざすもの
「暗唱とイデオロギーは無関係」か
政治と宗教、政治と教育内容
政策決定のプロセス
教育公務員とは
「教育勅語にはいいことが書いてある」
浸潤するカルト、スピリチュアル？
閣議決定の意味
法の通じない学校というところ
「近代国家に生きるうえでの基本セット」が弱い

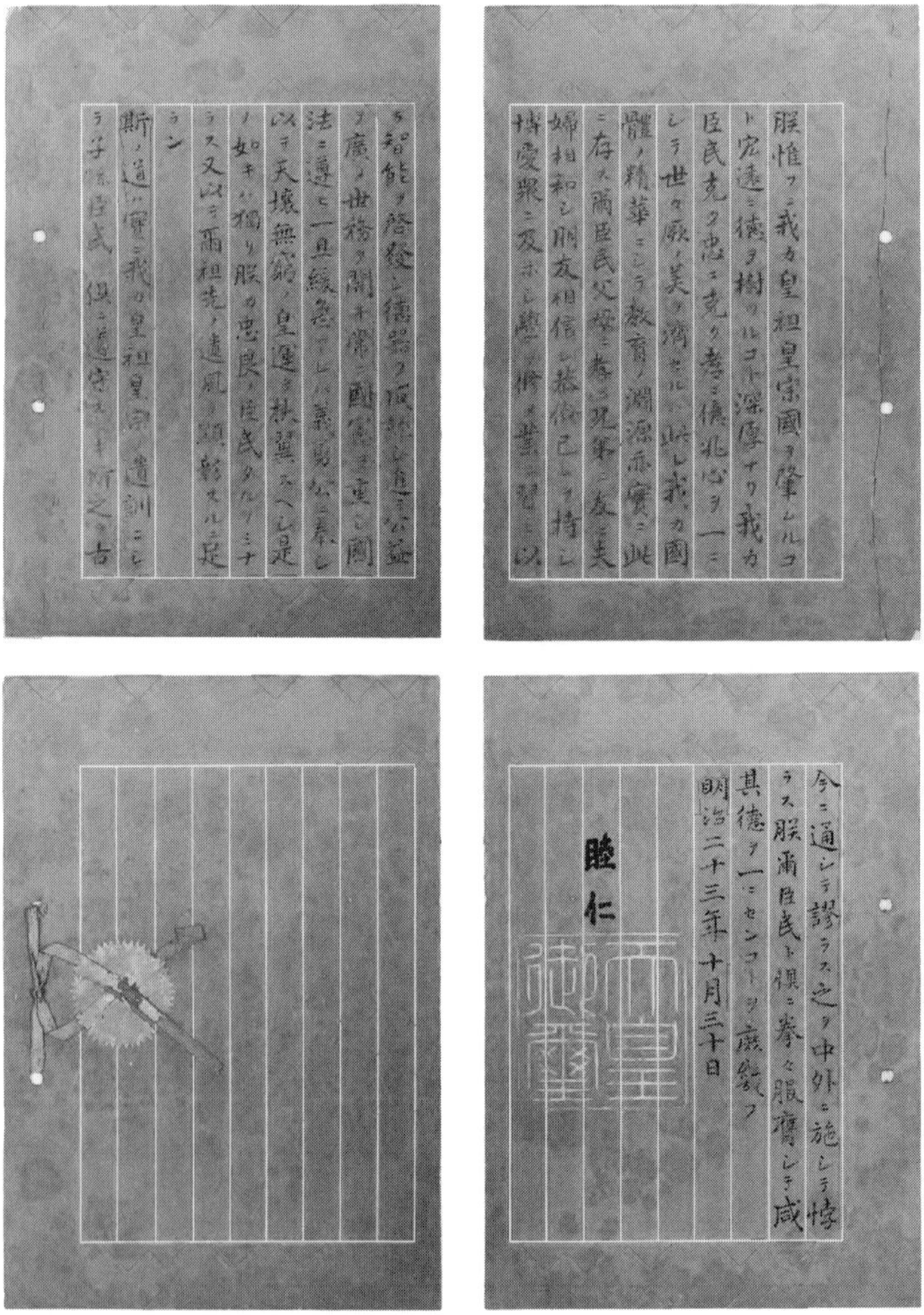

朕惟フニ我カ皇祖皇宗國ヲ肇ムルコ
ト宏遠ニ德ヲ樹ツルコト深厚ナリ我カ
臣民克ク忠ニ克ク孝ニ億兆心ヲ一ニ
シテ世々厥ノ美ヲ濟セルハ此レ我カ國
體ノ精華ニシテ教育ノ淵源亦實ニ此
ニ存ス爾臣民父母ニ孝ニ兄弟ニ友ニ夫
婦相和シ朋友相信シ恭儉己レヲ持シ
博愛衆ニ及ホシ學ヲ修メ業ヲ習ヒ以
テ智能ヲ啓發シ德器ヲ成就シ進テ公益
ヲ廣メ世務ヲ開キ常ニ國憲ヲ重シ國
法ニ遵ヒ一旦緩急アレハ義勇公ニ奉シ
以テ天壤無窮ノ皇運ヲ扶翼スヘシ是
ノ如キハ獨リ朕カ忠良ノ臣民タルノミナ
ラス又以テ爾祖先ノ遺風ヲ顯彰スルニ足
ラン
斯ノ道ハ實ニ我カ皇祖皇宗ノ遺訓ニシ
テ子孫臣民ノ俱ニ遵守スヘキ所之ヲ古
今ニ通シテ謬ラス之ヲ中外ニ施シテ悖
ラス朕爾臣民ト俱ニ拳々服膺シテ咸
其德ヲ一ニセンコトヲ庶幾フ
明治二十三年十月三十日
睦仁
天皇御璽

教育勅語原本(国立公文書館所蔵). 1890(明治 23)年 10 月 30 日発布. 旧文部省で保管していたが, 1923(大正 12)年の関東大震災での庁舎全焼にともない変色・損傷. 62(昭和 37)年に都内で展示された記録があるのち所在不明になっていたところ, 2012(平成 24)年秋に東京国立博物館内の文科省保管庫で発見され, 2014 年春に原本と確認された.

明治天皇の自筆署名と「御名御璽」の朱印のある勅語は, 文部省あて原本のほか, 帝国大学等にも渡されており, 本書第 1 章では東京大学所蔵の原本を底本として用いた.

I

歴史のなかの教育勅語

教育勅語の構造

はじめに

高橋陽一

不磨の大典

不磨《ふま》の大典という言葉がある。磨く必要がない文書、変更する必要がない偉大な法典ということである。一八八九(明治二二)年、大日本帝国憲法公布にあたって出された憲法発布勅語に、「現在及将来の臣民に対し、此の不磨の大典を宣布す」とある。天皇の名をもって定めて臣民に公布した欽定憲法として、大日本帝国憲法は未来永劫に変更のない法典だというのである。実際に、明治、大正、昭和戦中期に至るまで、一言一句も変更されたことがない。

ただ、不磨の大典にも磨くための規定があった。第七十三条の改正規定である。この通りの手順で名称も内容もすべて改める、「全部改正」と呼ぶ法手続で成立したのが、現在の日本国憲法である。国民主権と平和主義と基本的人権が原則となる今の憲法は、とても大日本帝国憲法を磨いて出てきたとは見なせないため、日本国憲法の成立をもって「憲法改正」と呼ぶ人は少ない。東京大学法学部教授の宮澤俊義《みやざわとしよし》は「八月革命」とさえ言った。

みかゝすは　玉もかゝみも　なにかせん　学ひの道も　かくこそ有けれ

一八七五（明治八）年、東京女子師範学校に昭憲皇太后が贈った和歌である。現在も、お茶の水女子大学の校歌「みがかずば」として歌い継がれている。大日本帝国憲法制定の一四年前の、この明治天皇夫人の歌は暗示的である。磨かないでは玉も鏡も役に立たないのだから、学びの道も同じであり、磨けということである。

不磨の大典たる大日本帝国憲法を磨いたのは、この、学びの道であり、とりわけ、憲法の解釈と適用を研究する憲法学である。憲法起草の中心人物である井上毅《こわし》（一八四四―一八九五）が書き上げて伊藤博文の名で刊行された『帝国憲法義解』（国家学会、一八八九年。一九四〇年に宮澤俊義の解説付きで『憲法義解』として岩波文庫に収録）が最初期の有権解釈となり、その後も学者たちの憲法学研究で磨かれていく。起草時の規範たるドイツ憲法学の通説である国家法人説で磨くのが当然のはずだが、実は大日本帝国憲法において国家と天皇の関係は論争的なものであった。昭和の学問の世界では、東京帝国大学の憲法学の権威、美濃部達吉を天皇機関説の主張を理由に追放する事件すら起こる。その後継者である宮澤俊義が、新憲法を革命と持ち上げた気持ちも理解できよう。

大日本帝国憲法の弟妹としての教育勅語

憲法学は官僚や法学者にとっては重大であるが、より広範な民衆に学びの道を徹底したのが教育勅語であるといえる。教育勅語は帝国憲法公布の翌年、一八九〇（明治二三）年一〇月三〇日に発せられた。海後《かいご》宗臣《ときおみ》が大著『教育勅語成立史の研究』（私家版一九六五年、『海後宗臣著作集』第一〇巻収録）で明らかにしたように、同年二月に地方長官会議の「徳育涵養ノ義ニ付建議」を直接の契機として教育勅語の準備が始まる。文部大臣芳川顕正《よしかわあきまさ》が『西国立志編』という西洋の立志伝の翻訳で青年を奮起させた中村正直《まさなお》に、その起草を依頼した。しかし、中村の徳育に関する箴言《しんげん》は、宗教や哲学に及ぶので却下となった。

中村正直案が却下されたあと、井上毅の原案に基づき、明治天皇の侍講・侍補を務めた元田《もとだ》永孚《ながざね》（一八一八―一八九一）が何度も手を入れて、練りあげていく。井上毅によって、教育勅語は「君主の著作」として、すなわち正規の法令や大日本帝国憲法で大臣の副署が求められる詔勅とは異なる位置づけで、作られていった。

元田と井上には深い因縁がある。一八七九（明治一二）年、儒学復興の立場から元田永孚は、明治天皇の意志を受けたとする「教学聖旨」を伊藤博文に示した。まさに明治天皇の名を掲げた教育勅語の嚆矢《こうし》をなす動きである。伊藤博文は井上毅に起草させた「教育議」を反論として提出した。自由民権運動が始まるなか、儒学流の道徳もまた政治上の議論を激しくするだけだとする伊藤博文側の反論である。この政府内の教学聖旨論争は、外部に影響を与えることなく、密室のなかで消えてしまう。

西洋モデルの国家の近代化と、近代化の動揺と言える自由民権運動への対応は、伊藤博文らが大日本帝国憲法を準備させた大きな動機である。一八八一（明治一四）年の「国会開設の詔《みことのり》」は、一八九〇（明治二三）年の国会開設の公約であるとともに欽定憲法準備の宣言として、伊藤博文のイニシアティブのもとで井上毅が起草したものである。

一方、元田永孚は、明治天皇の意を受けたかたちで『幼学綱要』(宮内省、一八八二年)や『婦女鑑《ふじょかがみ》』(宮内省、一八八七年)という倫理書を編纂し、天皇の権威のもとでの儒教的な徳目の復活を企画する。これらの編纂にあたり洋学者の西村茂樹に協力を求め、近代化の前提としての欧米の倫理知識や西洋の英雄と淑女の伝記を掲載することは、もはや元田永孚にとっても不可欠の前提となっていた。

欧米モデルを移入する役割を担った近代官僚の井上毅も、宮中から道徳教育を動かそうとする元田永孚も、ともに熊本士族出身であり、幕末の横井小楠《よこいしょうなん》で知られる熊本儒学の流れにある。大攘夷を掲げて西洋のインパクトと格闘した小楠の立場は、定着した儒教道徳と西洋モデルの近代化とをどう組み合わせるかという課題に直結する。

教育勅語は、大日本帝国憲法の翌年に産まれた、その弟妹と言える。不磨の大典を自称した大日本帝国憲法は、磨くための改正規定を持っていたから、日本国憲法へと全部改正された。これに対して、君主の著作として出された教育勅語には法令としての改正や廃止という手続は存在しない。このため、大日本帝国憲法を磨く学びの道を示した教育勅語のほうが、不磨の大典となったのである。

綸言汗の如し

勅語とは何だろうか。君主の言葉は、綸言汗《りんげん》の如しと言われる。儒教の経典『礼記《らいき》』などを出典とするこの言葉は、『平家物語』などでも使われ、ことわざとして定着した。君主の言葉の重みを太い糸に喩えて、一度言った言葉は汗が体内に戻らないように、変更できないということである。君主の言葉の絶対性は、不磨の大典となるわけである。

契約書のように甲乙双方の当事者が権利義務などを合意して効力を持つ文書とは明確に異なり、君主の言葉は、治者と被治者の不平等な関係を前提として発せられる。もちろん権力者の宣言どおりに実現しないことも多いから、官僚組織や会議体が形成されていく。中国史は王命の文書作成機構史といえるし、大日本帝国憲法が帝国議会の形成を前提としたことも象徴的である。

大日本帝国憲法は、第一条の天皇の統治権や第三条の天皇の神聖不可侵で始まるので、天皇の命令たる勅令はよほど強いのだろうと誤解されがちである。しかし、第五条で立法権は帝国議会の協賛が必要だと書いてあり、第九条で勅令は法律の下位にあると明示されている。また、第八条にあるとおり、法律と同等の緊急勅令を出した場合は、次の議会で承諾されないと無効になってしまうのである。

この勅令よりも、詔書や勅語などの詔勅はさらに法的拘束力が軽い。しかも第五十五条では、天皇が法律や勅令やその他「国務ニ関ル詔勅」を出すときにも、大臣の副署が必要だと規定してある。日本国憲法の国事行為のような制限がつくわけである。

ちなみに教育勅語が出された一八九〇(明治二三)年一〇月三〇日は、大日本帝国憲法が公布された一八八九(明治二二)年二月一一日と、施行期日とされた「明治二十三年」の「議会開会ノ時」である一八九〇(明治二三)年一一月二九日の間なのだから、教育勅語には施行前の大日本帝国憲法が適用されてはいないのだという法解釈論は成立しうる。

ただし、この議論はあまり意味がなかろう。もとより法律や勅令よりも国務についての詔勅は法的拘束力が低いし、副署のない詔勅は従来から多く出されている。一八八一(明治一四)年の「国会開設の詔」は、「奉勅」と記して太政大臣三条実美《さねとみ》が署名しているが、教育に関しては、今日の「お言葉」のように、儀式などでは口頭で発せられて記録されたものが従来からたくさんある。御雇外国人をねぎらう勅語や、学校設立の儀式などに際しての勅語である。教育勅語自体もこうした先例にならって、高等師範学校(今日の筑波大学)に対して発するというプランもあったほどである。

不磨の大典たる大日本帝国憲法のもとで、綸言汗の如く出された教育勅語だが、微妙な位置づけにあることが理解できよう。だからこそ、井上毅は起草段階から「君主の著作」と位置づけた。君主の著作としての教育勅語であるが故に、改変することはない。しかし学問の対象として解釈を加え、学びの道で磨いていくというかたちをとることで、むしろ神聖不可侵の権威を獲得していくことにもなったのである。

一　教育勅語を読む

明治天皇とその祖先――肇国と道徳樹立【第一文】

教育勅語の本文を、ここでは登場人物に注目しながら読んでみよう。本文は東京大学所蔵の明治天皇の自筆署名と天皇玉璽《ぎょくじ》の押印があるものを用い、正字などは常用漢字に置き換え、句読点を振った。読み仮名は当時の国定教科書の標準的な読み方を現代仮名遣いに直して振った。誰が、誰について述べているか、注意して読解する。なお、終止形で終わるごとに句点を振って「第一文」と切って解釈するが、文部省の公式見解『聖訓ノ述義ニ関スル協議会報告』(一九四〇年)は、この第一文の終わりを連用形と解釈して文を切らない。これは苦しい解釈なので私は採用しないが、こうした議論がたくさんあるのが、教育勅語の解釈史なのである。

ちんおもうに　わがこうそこうそう　くにをはじむることこうえんに　とくをたつることしんこうなり
朕惟フニ、我カ皇祖皇宗、国ヲ肇ムルコト宏遠ニ、徳ヲ樹ツルコト深厚ナリ。
（天皇である私が思うのは、私の祖先である神々や歴代天皇が、この国を始めたのは宏遠なことであり、道徳を樹立したのは深厚なことである。）

冒頭の「朕惟フニ」は、勅語に多い定型句で、勅語全体にかかる発話の言葉である。秦の始皇帝以来、中国では皇帝のみが、日本の明治時代では明治天皇のみが、用いることができた一人称である。これにより、本文全体は明治天皇の意志の表明となる。もちろん実際に起草したのは井上毅であって、元田永孚と何度も推敲したのだが、古今東西を問わずトップの文章にゴーストライターがいるのは当然のことである。

「我カ皇祖皇宗」は、明治天皇の「皇祖」や「皇宗」という祖先のことである。彼ら・彼女らが肇《ちょう》国《こく》つまり建国や、道徳の樹立を行った。教育勅語解釈の世界では、どの神やどの天皇が含まれるか、「皇祖」と「皇宗」はどう違うのかという議論になる。天皇の直接の祖先でない神もいるし、天皇に即位したかどうか怪しい天皇もいる。そのあたりは置いておいて、「祖宗」という祖先を表す熟語に

「皇」を挿入した言葉だから、漠然と祖先である神々と歴代天皇と解釈しておく。

冒頭の一文は、明治天皇、そして祖先の神々と歴代天皇が登場人物である。この勅語が明治天皇の意志であることが明示され、同時にその内容が「皇祖皇宗」の樹立した道徳であるという文脈が措定される。

現在の臣民とその祖先――忠と孝【第二文】

わがしんみん　よくちゅうによくこうに　おくちょうこころをいつにして　よよそのびをなせるはこれわがこくたいのせいかにして　きょういくのえんげんまたじつにここにそんす

我カ臣民、克ク忠ニ克ク孝ニ、億兆心ヲ一ニシテ、世世厥ノ美ヲ済セルハ、此レ我カ国体ノ精華ニシテ、教育ノ淵源亦実ニ此ニ存ス。

（我が臣民は、よく忠にはげみ、よく孝にはげみ、皆が心を一つにして、代々その美風をつくりあげてきたことは、これは我が国体の華々しいところであり、教育の根源もまた実にここにあるのだ。）

続く文章の主語は「我カ臣民」、つまり大日本帝国憲法が確立した天皇の臣下たる国民という概念である。臣民は憲法発布以前には存在しなかったはずだが、この臣民が永年にわたって行ってきたことを述べるのだから、ここでの内容は過去のことである。これを「世世」と表わしているが、『官報』や国定教科書では「世々」と印刷されている。

過去の臣民は、「忠」であり「孝」であったという。「忠」は主君への忠誠であり、ここでは過去の臣民が歴代天皇に忠誠を尽くしたという意味である。「孝」は両親や祖先への孝行であり、過去の臣民がその両親や祖先に孝行を尽くしたことである。忠や孝が儒教の道徳として定着した概念であることを、儒学を知る二人の起草者は熟知している。「国体ノ精華」や「教育ノ淵源」は、冒頭一文にある天皇の祖先である神々から発したというが、儒教を創始した孔子や孟子が天皇の祖先であると思う人はいまい。

第二文の登場人物は「我カ臣民」であり、忠孝を捧げる対象である天皇と歴代天皇、過去の臣民の祖先も言及されていることになる。ここでふれられていないのは、忠や孝などの徳を樹立したはずの儒教の創始者である。

「天壌無窮ノ皇運」に集約する徳目――中国儒教と西洋近代【第三文】

なんじしんみん　ふぼにこうに　けいていにゆうに　ふうふあいわし　ほうゆうあいしんじ　きょうけんおのれをじし　はくあいしゅうにおよぼし　がくをおさめぎょうをならい　もってちのうをけいはつしとっきをじょうじゅし　すすんでこうえきをひろめせいむをひらき　つねにこっけんをおもんじこくほうにしたがい　いったんかんきゅうあればぎゆうこうにほうじ　もっててんじょうむきゅうのこううんをふよくすべし

爾臣民、父母ニ孝ニ、兄弟ニ友ニ、夫婦相和シ、朋友相信シ、恭倹己レヲ持シ、博愛衆ニ及ホシ、

学ヲ修メ業ヲ習ヒ、以テ智能ヲ啓発シ徳器ヲ成就シ、進テ公益ヲ広メ世務ヲ開キ、常ニ国憲ヲ重シ国法ニ遵ヒ、一旦緩急アレハ義勇公ニ奉シ、以テ天壌無窮ノ皇運ヲ扶翼スヘシ。

（汝ら臣民は、父母に孝行をつくし、兄弟姉妹は仲良く、夫婦は仲むつまじく、友人は互いに信じあい、恭しく己を保ち、博愛を皆に施し、学問を修め実業を習い、そうして知能を発達させ道徳性を完成させ、更に進んでは公共の利益を広めて世の中の事業を興し、常に国の憲法を尊重して国の法律に従い、非常事態のときには大義に勇気をふるって国家につくし、そうして天と地とともに無限に続く皇室の運命を翼賛すべきである。）

この第三文で「皇祖皇宗」が樹立した徳目が列記される。ちなみに内容が区分されるので、ここからを第二段とする解釈が国定教科書などで採用されていたが、起草過程においても東大所蔵本や官報版においても段落は切られていない。国定教科書で広がったこの段落分けは、『聖訓ノ述義ニ関スル協議会報告』と第五期国定教科書で戦時下に至ってやっと訂正された。

ここでの登場人物は明治天皇が呼びかけた「爾臣民」、現在の臣民である。この一文は「扶翼スヘシ」で終わっているから、臣民への命令である。

徳目の前半、「父母ニ孝ニ」以下は、明確に儒教の徳目を意識している。江戸時代までに日本に定着した儒教の五倫（父子の親、君臣の義、夫婦の別、長幼の序、朋友の信）と五常（仁、義、礼、智、信）を前提として、表現を少し変えてアレンジしていることが明確である。これは常識的には、孔子や孟子を始め儒家がまとめた儒教の道徳だが、第一文で宣言したとおりに「皇祖皇宗ノ遺訓」と読み取る。第二文では「忠」が強調されたが、ここにはなぜか登場しない。そもそも儒教は、「忠」よりも祖先への「孝」を中心に、人間関係の「仁」を強調した道徳観だとみれば、伝統的な解釈である。ただ、後半に述べられる西洋市民社会の道徳や近代国家観が「忠」の内実を形成していると読み取るべきだろう。

徳目の後半は、近代的なものである。明治維新後、西洋の権利と義務の概念や、フランス革命やアメリカ独立戦争といった世界史は、学校教育や書籍を通じて常識となっていった。「博愛衆ニ及ホシ」と言われると、当時の人々は現代人同様に、自由・友愛・平等とフランス革命を想起したはずである。つづく「学ヲ修メ業ヲ習ヒ」以下は極めて実学的な印象を与える。一八七二(明治五)年の学制は実学が基本であったし、井上毅は文部大臣になると実業教育を確立した。

「常ニ国憲ヲ重シ」という「国憲」は、前年の大日本帝国憲法を指す。法律と道徳は別物という考えから、教育勅語起草段階ではこの語が消えたこともあったが、最終的には国憲遵守が盛り込まれた。ただし「国憲」とは大日本帝国憲法であるという公式の言明がのちには避けられるようになった。教育勅語は朝鮮や台湾という植民地にも適用されたが、大日本帝国憲法は施行されていないため、広く憲法や法律のことであると一般論で済ませたわけである。

「義勇公ニ奉シ」は、徴兵制をはじめ緊急事態への動員を意味する。これも西洋近代から学んだ国家制度である。ちなみに、「一旦緩急アレハ」は平安期の日本語を基準とする古典文法では已然形で「ひとたび危急の事態があるので」と変な日本語になる。当時から未然形の「アラバ」と書いて仮定を意味するべきだという議論もあったが、教育勅語は平安文法ではなく漢文訓読調で書かれるので、儒教流に「レバ則」という書き癖で記されているのである。

いずれにせよ、西洋近代の道徳も「皇祖皇宗ノ遺訓」だというのであるから、かなり苦しい論法である。ルソーやロックが天皇の祖先だったという話はない。

この第三文に記された中国儒教起源や西洋近代起源の徳目をすべてまとめるのが、「以テ天壌無窮ノ皇運ヲ扶翼スヘシ」、つまり皇室の運命が永遠に続くように守らなければならないという最後の文言である。この「以テ」は、「以テ智能ヲ啓発シ」で登場した語調を整える軽い「以テ」ではなく、この勅語の全体を受けて「以テ」として「扶翼スヘシ」の命令に帰一させる言葉である。「天壌無窮」は『日本書紀』にある神話で、天照大神《あまてらすおおみかみ》が天皇の祖先となる瓊瓊杵尊《ににぎのみこと》を地上の支配者として高天原《たかまがはら》から天下りさせるときに発した天壌無窮の神勅を根拠とする。正確に言えば、『日本書紀』には多くの神勅が登場し、その「一書」にある異説にすぎないのだが、文章として整っているので近世から注目され、この教育勅語をもって「天壌無窮」は人口に膾炙《かいしゃ》する熟語となる。整っているというのは、そもそも『日本書紀』は『古事記』と異なり漢文調であり、中国古典に登場する「天壌」や「無窮」という誇大な表現の組み合わせが秀逸なのである。皇室の祖先神たる天照大神の権威というより、これも中国古典への崇敬と言えよう。

この第三文の明確な登場人物は、明治天皇と同時代の臣民であるが、言外には中国古代の儒教の創始者や、西洋近代の思想家・政治家が存在しているのである。

明治天皇と臣民、天皇の祖先と臣民の祖先――忠孝の平行四辺形【第四文】

かくのごときは　ひとりちんがちゅうりょうのしんみんたるのみならず　またもってなんじそせんのいふうをけんしょうするにたらん

是ノ如キハ、独リ朕カ忠良ノ臣民タルノミナラス、又以テ爾祖先ノ遺風ヲ顕彰スルニ足ラン。

（こうしたことは、ただ天皇である私の忠実で順良な臣民であるだけではなく、またそうして汝らの祖先の遺した美風を顕彰することにもなるであろう。）

第四文は、第二文で強調した忠孝の構造に、第三文の徳目を組み込む。そもそも主君への「忠」は、親や先祖への「孝」とは別の徳目であるから、本来は一致する必要はない。神話上で氏神たる祖先神が皇室の祖先神と争ったり、歴史上で反逆したりすることも珍しくないので、忠と孝はときに対立する。にもかかわらず、第二文で過去においても臣民の祖先は忠孝に尽くしたので、現在の臣民がここに示した徳目を守る忠誠を示せば、祖先に対する孝にもなると断言する。

四者の登場人物を結べば、平行四辺形になる。現在の明治天皇への臣民の「忠」と、過去の天皇への過去の臣民の「忠」という平行の二辺が、明治天皇から祖先への「孝」と、臣民から臣民の祖先への「孝」という別の平行の二辺に合わさって、平行四辺形を形成して、方向の違うはずの「忠」と「孝」が連結されるのである。

明治天皇と臣民、天皇の子孫と臣民の子孫――「斯ノ道」の普遍性【第五文】

このみちは　じつにわがこうそこうそうのいくんにして　しそんしんみんのともにじゅんしゅすべきところ　これをここんにつうじてあやまらず　これをちゅうがいにほどこしてもとらず

斯ノ道ハ、実ニ我カ皇祖皇宗ノ遺訓ニシテ、子孫臣民ノ倶ニ遵守スヘキ所、之ヲ古今ニ通シテ謬ラス、之ヲ中外ニ施シテ悖ラス。

（ここに示した道徳は、実に私の祖先である神々や歴代天皇の遺した教訓であり、皇孫も臣民もともに守り従うべきところであり、これを現在と過去を通して誤謬はなく、これを国の内外に適用しても間違いはない。）

本文の改行があって、この第五文で、形式段落が分かれて第二段冒頭となる。冒頭の「斯ノ道」は前段落の徳目などを受けて将来の天皇の子孫も臣民の子孫も守っていくというものであり、それが古今にも国の中外にも通用するということである。「子孫臣民」を新しい登場人物として、天皇の子孫と臣民の子孫もまた、第四文で登場した平行四辺形と相似した関係を形成する。

「斯ノ道」とは、「斯道」といった強調の言葉であるだけではなく、「この」という指示語でもある。それが第三文の徳目、あるいは第一文から第四文すべてを指示していることは明白である。

問題は、この「斯ノ道」という主語は、「古今」つまり現在も過去も通用するという、ここまで述べてきた話だけではなく、「中外」つまり国内も国外にも通用するという述語で受けることである。

「斯ノ道」の徳目は「皇運扶翼」、つまり日本の天皇・皇室への奉仕に結実するのであるが、本当にそう解釈してよいかどうか。この問題が教育勅語解釈の最大の課題であり、かつ隠されたモチーフといえるものであった。この点は明治期の解釈から、「斯ノ道」を「皇国ノ道」と置き換えた昭和戦中期の解釈への移行として、後で詳述する。

明治天皇と臣民——道徳の統一【第六文】

ちんなんじしんみんとともにけんけんふくようして　みなそのとくをいつにせんことをこいねがう
朕爾臣民ト倶ニ拳拳服膺シテ、咸其徳ヲ一ニセンコトヲ庶幾フ。
（天皇である私は、汝ら臣民とともにしっかりと体得して、皆でその道徳を一つにすることを期待するものである。）

第六文で、明治天皇と臣民が登場して、文章がまとめられる。近代化をめぐる道徳の多様化と混乱への対策としての教育勅語であるから、「徳ヲ一ニセン」として道徳の統一という勅語の目的が最後に希望として述べられる。ここまでが断定と命令口調であったのに対して、「倶ニ《トモ》」というかたちで、明治期に流行する家族主義国家観をふまえて、共同の誓約のように述べていることが印象的である。この控えめともいえる君主の著作こそが後述のとおり、臣民の解釈が加わって普及していく教育勅語の構造を作り上げている。なお「拳拳」は『官報』では「拳々」と印刷された。

めいじにじゅうさんねんじゅうがつさんじゅうにち
明治二十三年十月三十日
むつひと〈ぎょめい〉　てんのうぎょじ〈ぎょじ〉
睦仁〈御名〉　天皇御璽〈御璽〉

「睦仁」の自筆署名と「天皇御璽」の朱印の箇所であるが、『官報』では「御名御璽」という、戦後も印刷物で使われる天皇の実名と捺印があることを示す表現になっている。

以上までが本文であり、児童生徒が教育勅語の暗唱や、さらに全文を見ずに復元する暗写を行うときは、「御名御璽」までがその対象となる。学校儀式で校長が読み上げるときも「ギョメイギョジ」と読み上げる。

現在過去未来に続く構造

大日本帝国憲法が公布されたときに、憲法本文とともに、「告文《こうぶん》」と「憲法発布勅語」と布告文に当たる帝国憲法上諭が出される。稲田正次が『明治憲法成立史(下巻)』(有斐閣、一九六二年)で明らかにしたように、その起草には伊藤博文や井上毅らが参加した。

これらの告文、勅語、上諭に共通する登場人物は、明治天皇自身である「朕」と天皇の祖先である

「祖宗」「皇祖皇宗」と未来の天皇である「後嗣」「朕カ子孫」「朕カ継統ノ子孫」、現在の「我カ臣民」と過去の「臣民祖先」と未来の「臣民ノ子孫」「将来ノ臣民」という文言で、過去と現在と未来にわたる天皇と臣民である。こうした天壌無窮の神勅や、憲法第一条の万世一系《ばんせいいっけい》の永続性を確固とするために示されたのが、教育勅語である。教育勅語の本質は、古代中国や西洋近代に起源がある個々の徳目の列記よりも、その徳目を「皇運ヲ扶翼スヘシ」と集約して、天皇による統治を道徳として確立することに眼目があることが、その構造から明らかになるのである。

二　解釈による普及

解釈の伝統と近代化

古典とは、解釈される対象である。読み継がれるものを古典というのだろうが、実際に私たちが読む古典は、本文校訂や語句注釈や解説解題が付されたものがほとんどである。たとえば、儒教の経典は、伝わるテキストが解説書のみで、ここから本文を再構成するものが多い。古代の中国人も江戸時代の儒学者も、そうした古典や過去の注釈書に自ら注釈を加えることで古典と向き合った。それにならって国学者も日本の古典に注釈を加えていった。

この古典解釈の伝統に、近代化のなかで別の様相が加わる。明治維新以後に政府から発した法令などに、解釈を加えて出版するという文化現象である。この解説書を多く刊行することで、江戸時代に普及した印刷文化は明治維新の文化的変容を支えた。

一八七二(明治五)年は近代学校教育を確立した学制の年であるが、同時に社会教育の政策的な展開をもたらした大教院成立の年でもある。神官と僧侶を教導職として登用して民衆への説教を求め、東京に大教院を、各府県に中教院を置き、日本中の神社と寺院を小教院と見なして維新政府の政策を普及させた。教導職のあり方を示した三条教則が提示され、十一兼題と十七兼題として説教の課題が示されたのだがこれが難解なものであるから、手引きとしての解説書が多く出版されたのである。大教院は一八七五(明治八)年には中止となるが、この短期間に出版された三条教則と兼題の解説書について、辻善之助の『明治仏教史の問題』(立文書院、一九四九年)のリストでは、一〇〇点を超える解説書が確認できる。

こうした現象は、学制布告書に対して、府県や有志が解釈を施すというかたちでもあらわれた。民衆に学校への就学を呼びかけた太政官《だいじょうかん》による布告書は、最初から地方ごとに適切な解説を作り直して告諭することが求められた。こうした多様な就学告諭は、最近の研究では二二八点もの文書が確認されている(川村肇・荒井明夫編『就学告諭と近代教育の形成』東京大学出版会、二〇一六年)。

井上哲次郎『勅語衍義』と衍義書

こうした解釈の伝統と印刷文化のなかで登場するのが、教育勅語である。教育勅語は起草段階から、標準としての公式の解釈書が構想された。帝国大学の哲学の教授である井上哲次郎の原稿を、帝国大学の総長である加藤弘之や当初案の作成者である中村正直、起草者である井上毅と元田永孚がチェックし、一八九一(明治二四)年に、中村正直校閲・文部大臣芳川顕正序文というかたちで、井上哲次郎著の『勅語衍義《えんぎ》』として刊行された。

この『勅語衍義』は、師範学校の教科書として活用され、教育勅語の標準的な解釈となった。しかし、それ以上の独占的な権威付けはなされず、その後は井上哲次郎の個人著作として改版されていった。

その一方、さまざまな立場の人物が、教育勅語の解説書をつくっていく。こうした解説書は『勅語衍義』にならって、教育勅語衍義書と呼ばれる。まず新聞雑誌が多様に刊行された当時の出版文化を反映して、多くの解説記事が掲載される。海後宗臣らが編纂した『教育勅語渙発《かんぱつ》関係資料集』(国民精神文化研究所、一九四〇年)はこうした同時代の記事を「教育勅語奉戴《ほうたい》文書」として六二点も掲載している。また教育勅語の「四十周年」「五十周年」でも衍義書はリスト化され、戦後は日本大学精神文化研究所・日本大学教育制度研究所の一五巻の資料集で復刻されている。

刊行された衍義書は程度の差こそあれ、執筆者たちの立つ学問や学説から解釈し、さらに自らの思想や宗教に引きつけて説明するものであり、我田引水のものがあるとはいえ、あくまでも教育勅語を肯定して解釈するという前提により、教育勅語を普及させていくことになる。

思想の多様化と共通教化

統治者の方針を標準とし、それをさまざまな立場が我田引水しつつも肯定されることで普及していく。こうした現象を私は「共通教化」と呼んでいる。この共通教化のモデルをつくったのは、幕末から明治に活躍した国学者の鈴木雅之である。

天皇の権威のもとで、江戸時代までの儒教や仏教による秩序ではないものを構想した明治初年の維新政府の方針は、混乱を生じさせる。一八六八(明治元)年に神道と仏教を区別する神仏判然令を出し、古代の朝廷にならって政府に神祇官を置き、「大教宣布の詔」を出して、国学者をその宣教使に登用した。しかし、地方では廃仏毀釈《はいぶつきしゃく》と呼ばれた寺院の荒廃と仏教側の反発をもたらし、宣教使の影響も民衆には届かなかった。また、朱子学流の儒教の最高学府である昌平坂学問所を接収して一八六九(明治二)年に大学校、のちに大学と改称し、教官には儒学者に加えて国学者を登用するも、革命思想が含まれると国学者が反発した『孟子』の可否をめぐって論争が起き、教育機関としては機能しなくなる。

鈴木雅之はこの渦中に、大学校の少助教、宣教使の中講義生という教官職として関与したが、政府が教化のための標準を定めることで、仏教者も含めての登用が可能になると主張する。つまり、異なる宗教や思想の教育力を温存しつつ、支配的な思想に組み込んで共通の教化に動員するという共通教化の構想である。実際の政治過程では、維新を主導する長州閥に影響のある西本願寺僧侶の島地黙雷らの働きかけにより一八七二(明治五)年に大教院が成立するも、早くも一八七五(明治八)年には信教の自由を確認する口達《こうたつ》を発することで解散となる。仏教をはじめとする旧来の宗教教団が、天皇の統治を信者に布教することで信教の自由と独自性が認められるという体制が確立されたのである。

内村鑑三不敬事件と、教育と宗教の衝突論争

解釈による教育勅語の普及というソフトな側面の一方で、教育勅語の取扱の不十分さを強圧的に攻

撃する不敬事件があることも忘れてはならない。

明治天皇の署名と天皇御璽の捺印のある教育勅語は帝国大学をはじめとした直轄学校に渡され、印刷による謄本も含めて各学校では教育勅語を奉読する儀式が開始される。一八九一(明治二四)年一月に第一高等中学校(のちの東京大学教養学部)でも勅語奉読式が行われ、数人ずつ進んで教育勅語に向かって頭を下げる儀式のとき、嘱託講師の内村鑑三の頭の下げ方が不十分であるとして生徒たちが不敬だと騒ぎ、退職に追い詰められた事件である。こうした不敬事件はその後も相次ぎ、火災での勅語の焼失までも管理者の責任が追及されていく様子を、小股憲明が『明治期における不敬事件の研究』(思文閣出版、二〇一〇年)で明らかにしている。

内村鑑三不敬事件がおさまったころ、『勅語衍義』の著者である井上哲次郎が、一八九二(明治二五)年に教育雑誌『教育時論』の一一月五日号で教育と宗教に関する談話を発表する。その内容は、キリスト教は教育勅語と対立するというもので、他の教育雑誌や宗教雑誌を含めて賛否の議論が掲載され、教育と宗教の衝突論争が発生する。内村鑑三は翌年に『教育時論』三月一五日号に寄稿し、教育勅語の儀式にまさる敬礼は「教育勅語の実行」だと主張した。キリスト教の偶像崇拝を否定する立場から教育勅語への宗教的礼拝は否定するが、天皇を頂点とする道徳の秩序は肯定するという解釈を、内村鑑三自身が示したことになる。神道と仏教を基軸に成り立った先述の共通教化が、こうした事件と論争を契機に、キリスト教をも包み込むかたちになったのである。

学問と教育の分離

明治期は近世までの身分制の否定があるとはいえ、納税額による制限選挙に見られるように階層化された社会であり、普及する学校により、新たな学歴主義が形成される時期でもある。

権威ある学者や言論人、さらに宗教者たちが教育勅語の権威を肯定した衍義書や文章を発表することは、共通教化の標準としての教育勅語が機能したことを意味する。しかし、テキストや解釈というかたちでは権威を理解しがたい子どものうちには、別のかたちの普及が必要となる。中等教育や高等教育を受ける階層にとって、衍義書や学問上の教育勅語解釈はアクセス可能な情報であるが、尋常小学校のみで学校教育を終える階層が国民の大半を占めるなかでは、身体や記憶に鮮明に残る教育勅語の普及が求められた。

こうしたなかで、教育勅語が校長によって厳かに読み上げられ、子どもや参列者が最敬礼をして聞き入るという学校儀式の意義が強調される。尋常小学校の修身科の教科書で衍義書のような語句解説をしても効果は薄いため、徳目に即した説話や図像によって理解させたり、教育勅語の文言を暗記させたり、さらには本文を見ずに教育勅語を筆写させる暗写をしたりという修身教育が普及していく。また、教育勅語や天皇の図像の損傷や紛失を避けるために管理を厳重にし、学校内に奉安殿《ほうあんでん》と呼ぶ保管場所を作る動きへとつながっていく。こうした実態は、佐藤秀夫編『続・現代史資料8―10　教育　御真影と教育勅語1―3』(みすず書房、一九九四―九六年)や小野雅章『御真影と学校――「奉護」の変容』(東京大学出版会、二〇一四年)をはじめとして、多くの教育史研究者が明らかにしている。

三　教育勅語解釈の動揺と徹底

植民地支配と国際化のなかの教育勅語

大日本帝国は台湾を植民地として住民に日本語による教育を開始するにあたり、一八九六(明治二九)年に国語学校や国語伝習所などに教育勅語の謄本を渡して学校儀式を求め、一九一九(大正八)年の台湾教育令では、台湾の教育は教育勅語に基づくことを明記した。また朝鮮においても一九一一(明治四四)年に朝鮮教育令により教育勅語に基づく教育を定め、同年一〇月には教育勅語の末尾に「朕曩《サキ》ニ教育ニ関シ宣諭スルトコロ今茲《ココ》ニ朝鮮総督ニ下付ス」と付記した朝鮮版の教育勅語を出した。

しかし、駒込武の『植民地帝国日本の文化統合』(岩波書店、一九九六年)や樋浦郷子の『神社・学校・植民地』(京都大学学術出版会、二〇一三年)で分析されているように、朝鮮や台湾の人々にとって、臣民の祖先が日本の天皇の祖先に忠誠を尽くしたという教育勅語の前提は当然通用しないものであった。こうした教育勅語の内容に関する深刻な矛盾を持ちつつも、日本語教育とあわせて教育勅語の暗記や暗写までが進められていった。

また平田諭治が『教育勅語国際関係史の研究』(風間書房、一九九七年)で明らかにしたように、学者による海外での教育勅語の翻訳紹介が早くから行われ、一九〇九(明治四二)年には文部省の公式翻訳として『漢英仏独教育勅語訳纂』が刊行されている。

「斯ノ道」からの「皇運扶翼」の除外

民間の小学校教科書に替えて文部省著作の教科書による国定化を文部省が進めた。一九〇四(明治三七)年から使用が開始される国定第一期の修身教科書では、教育勅語の解釈は簡単な要約にとどまり、文言解釈のための衍義書と言えるものではなかった。しかし、一九〇七(明治四〇)年の小学校令改正により翌年度から尋常小学校が四年制から六年制へ年限延長され、それに続く高等小学校が、中学校・高等女学校・実業学校という中等教育段階の学校と並列することになる。一九一〇(明治四三)年からの国定第二期の修身教科書にむけては、一九〇八(明治四一)年の教科用図書調査委員会で高等小学校に衍義書レベルの語句解釈を含むことが検討された。

本稿第一節でみた教育勅語第五文の「斯ノ道」という言葉は、徳目全体やそれまでの文意を受ける言葉であるが、「古今ニ通シテ謬《アヤマ》ラス」「中外ニ施シテ悖《モト》ラス」という述語で受けるので、外国に通用するならば「斯ノ道」には「天壌無窮ノ皇運ヲ扶翼スヘシ」が入るわけがないという議論が、その委員会で行われる。その結果、国内では皇運扶翼が眼目でも、外国ではそのままでは通用しないことを踏まえ、国定第二期の『高等小学修身書巻二』に、「「斯ノ道」とは「父母ニ孝ニ」以下「義勇公ニ奉シ」までを指し給へるなり」として、あえて皇運扶翼を入れないことが明記された。

国外に日本の天皇への貢献までが普遍的な徳目として通用するわけがないというロジカルなテキスト解釈であるが、教育勅語が出された時期とは異なり、植民地支配と欧米列強との競争という現実の国際環境のコンテクストを踏まえた解釈と言える。

国民道徳の研究的性格

大正デモクラシーは、尋常小学校卒業後に進学する若者が増大し、中等・高等教育が拡大する時期にあたる。十分な知見を獲得して国内外で活躍する人間像が語られるが、そのためには儀式や暗記中心の修身教育では不十分である。そのために、現実を踏まえて日本の国民に求められる道徳として、「国民道徳」という言葉が浮上してくる。一九〇九(明治四二)年からこの言葉が文部省に取り上げられ、翌年の文部省主催師範学校修身科教員講習会では、小学校教員を養成する教員にむけて、法学者の穂積《ほづみ》八束《やつか》と『勅語衍義』の井上哲次郎、教育学者の吉田熊次《くまじ》が国民道徳論を説明した。さらに文部省の中等教員検定試験では、「国民道徳要領」が必須となった。

この国民道徳論は、教育勅語の語句解釈だけにこだわらない道徳論であり、大学を発信源として中等教育段階の教員や生徒を対象とする点に特徴がある。このためには、現実にある矛盾に直面してそれを研究的に分析し、最終的に教育勅語と矛盾しないような結論に導くといった柔軟さが要求される。当時の多様化する世界的な新教育運動も、教育勅語と矛盾しないように改良して受け入れるわけである。しかし、この研究的性格は、リスクを伴う。井上哲次郎は、著書『我が国体と国民道徳』(一九二五年)で「国民道徳研究指針」を示し、歴史や理想から道徳のあり方を検討するという研究を提起したが、同書に三種の神器が喪失されたとの歴史記述を行ったため不敬に問われ、一九二六(大正一五)年には公職の辞任へと追い込まれることになった。

宗教的情操と日本精神

一八九九（明治三二）年に文部省が発した、いわゆる「訓令十二号」により、学科課程に定めのある学校では、宗教教育が原則として禁止とされた。実際には、私立学校では自主的に礼拝や宗教教育を行っていたが、大正末から教育界で「宗教的信念」の教育を求める主張が出始めた。実際に何をどう教えるのかという議論は、教育界でも混迷した。このなかで、どのような特定の宗教にも依拠しない宗教的な情操というものを「宗教的情操」と名付け、それは公立学校でも教えることができるという主張へと進んだ。これについては、かえって混迷するという批判や、教育勅語との関係を疑問視する意見もあったが、一九三五（昭和一〇）年に文部次官通牒によって認められる結論となった。

この通牒でも、教育勅語が宗教的情操の前提として強調されており、結局は教育勅語や学校儀式が持っている宗教性を追認する結果となり、神社参拝などの促進につながった。これはキリスト教系私立学校に対しても求められ、キリスト教主義を掲げる学則などが教育勅語に矛盾するとして書き改めさせるという、信教の自由を抑圧する事態へと進展した。

一九三一（昭和六）年ごろから日本独自の精神という意味で、「日本精神」という言葉が広がった。文部省もこの言葉を位置づけ、一九三六年に日本諸学振興委員会を設置し、日本精神の研究を課題とした。この日本精神を説明するには、日本の伝統文化や古典を挙げて論証する必要があるために、学術研究をすすめると、伝統文化が海外起源であるという結論を日本諸学振興委員会で発表するという事例が多発した。また、日本の独自性だけを強調することは、太平洋戦争下ではむしろ「大東亜共栄圏」の発想との矛盾を招いた。こうして一九四四年には日本諸学振興委員会の規定から日本精神という文言が削除された。

「皇国ノ道」の法令化

前項で述べたような宗教的側面を際立たせる宗教的情操論も、日本の独自性を伝統文化から強調する日本精神論も、教育勅語と不即不離の関係にあったが、実際には昭和期の思想を完全にリードする標準的概念とは成り難かった。それらは、現実の宗教の対立や学問的史料批判の厳密さによって、教育勅語の解釈を磨けば磨くほど、予期せぬ結論になりやすいということになる。

教育勅語が社会の変化や現実の矛盾に即応しないという批判は、明治期から出始めている。こうした批判が公然化することは避けられたが、教育に関係する勅語がその後も発せられたことは、教育勅語の追加や修正と言えるかもしれない。なかでも戊申《ぼしん》詔書（一九〇八年）や国民精神作興《さっこう》詔書（一九二三年）などは、教育界でも意識された。昭和天皇が一九三九（昭和一四）年五月二二日に出した「青少年学徒ニ賜ハリタル勅語」について、その解釈の確定とあわせて教育勅語の解釈を再検討する目的で文部省に置かれたのが、「聖訓ノ述義ニ関スル協議会」であった。

皮肉なことに、今日も教育勅語以外の詔勅類について、当時の経験者が言及したり、暗記しているという証言を聞くことはまれである。この協議会も昭和天皇の勅語の解釈よりも、教育勅語の再解釈によって大きな影響を与えた。一九四〇（昭和一五）年に出された『聖訓ノ述義ニ関スル協議会報告』は、表紙に「秘」と記されたが、解釈上の決定事項は、国定第五期の国民学校初等科修身の教師用教科書などに引用された。

ここでの解釈のいくつかは、すでに第一節で紹介した。解釈変更の眼目は、国定第二期で確立した、「斯ノ道」に「以テ天壌無窮ノ皇運ヲ扶翼スヘシ」を含まないという解釈を撤回し、ここも含むとしたことで、テキスト解釈としては妥当な結論だが、この意図は皇運扶翼が国外でも通用するという確認である。

また、このころ古典や伝統文化の制約の多い日本精神論に代わって、「皇国ノ道」という言葉を文部省が使い始める。一九三七（昭和一二）年の高等学校高等科教授要目の修身科の教授方針をはじめとして、一九三八年以後の教育審議会の答申類にも言及された。

この「皇国ノ道」は、そのまま教育勅語の「斯ノ道」という箇所に直結する言葉とされた。君主の著作である教育勅語は、勅令など正規の法令より下位のものであるから、他の勅令で根拠として引用した事例は、先に見た台湾や朝鮮の教育令のみであった。これに対して、教育勅語の「斯ノ道」を意味する「皇国ノ道」であれば、他の勅令で引用できると考えられた。一九四一年の国民学校令第一条に掲げる教育目的として「皇国ノ道」が明示され、その後も中等学校令や高等学校令改正、師範教育令改正により、多くの教育の勅令の第一条の目的規定に盛り込まれた。

この解釈上のトリックとでも言うべき技術によって、昭和戦中期にいたって教育勅語は新たな法令上の位置を獲得したと言える。「皇国ノ道」としての教育勅語は、大正期の国民道徳論の研究的性格で鍛えられ、日本精神論の文献的制約を解除し、皇運扶翼を大目的に制限なく用いることのできる標準として機能する概念となったのである。

おわりに

ポツダム宣言の受諾にはじまる戦後教育改革において、大日本帝国憲法をはじめとする日本の秩序は改変された。不磨の大典たる大日本帝国憲法は全部改正され、多くの法律や勅令が廃止されていった。

君主の著作である教育勅語は、正規の法令ではないから、廃止の規定はなかった。教育勅語謄本は回収され、奉安殿は棄却や転用がなされたが、儀式と暗記をもって脳裏に焼き付けられた教育勅語を消し去ることは困難であった。

国民学校令などの廃止は一九四七（昭和二二）年の学校教育法の四月一日施行をもって行われるので、それまでは「皇国ノ道」、つまり教育勅語の精神は法令上、生きていたという解釈も成立しうる。

一九四八年六月一九日に、衆議院は「教育勅語等排除に関する決議」、参議院は「教育勅語等の失効確認に関する決議」という国会決議によって、教育勅語には効力がないことを宣言した。教育勅語という法令ではない君主の著作の終焉にふさわしい手続きであったが、その後も教育勅語が日本の社会に影響を与えていくことは、これから本書で述べられていくとおりである。

「国家神道」と教育勅語——その狭間にあるもの

齋藤公太

一 「国家神道」という問題設定

教育勅語をめぐって、しばしば次のように語られることがある。明治維新以来、近代日本を支配していたのは「国家神道」という一つの宗教であり、教育勅語はその「教典」だった。日中戦争から第二次世界大戦にかけて日本人を破滅に至らしめたのも、この宗教と教典が原因だった。敗戦後の変革により、国家神道は教育勅語ともども姿を消したかに見えたが、今やそれらを復活させようとする人々が勢力を伸ばしつつある——。このように現代日本の状況をとらえることは、一つの明快な解釈である。が、明快な解釈というものが常にそうであるように、国家神道と教育勅語をめぐる物語は、実際の歴史と社会の複雑さを捨象している。

「国家神道」と「教育勅語」。何よりこの二つは水準を異にする言葉である。「教育勅語」(「教育ニ関スル勅語」)が発布当時から使われた歴史的用語であるのに対し、「国家神道」という言葉が戦前の日本で使われることはまれであった。それが一般に広まるきっかけとなったのは、敗戦直後の一九四五年一二月一五日、GHQが発布した「神道指令」(「国家神道、神社神道ニ対スル政府ノ保証、支援、保全、監督並ニ弘布ノ廃止ニ関スル件」)にある。つまり、「国家神道」という言葉は敗戦という事実をふまえ、そこから戦前の日本を振り返ったときに用いられた言葉なのである。

そもそも「神道指令」は、日本社会から「軍国主義的乃至過激ナル国家主義的「イデオロギー」」を排除することを命じたものである。その「イデオロギー」とは何であるか、指令は明確にしていないが、文脈上はそれが「国家神道」であると読める。だが、同じ指令のなかで「国家神道」は、「日本政府ノ法令ニ依テ宗派神道或ハ教派神道ト区別セラレタル神道ノ一派即チ国家神道乃至神社神道トシテ一般ニ知ラレタル非宗教的ナル国家的祭祀トシテ類別セラレタル神道ノ一派」、すなわち神社神道と定義されている。戦前には神社非宗教論により、「非宗教的」祭祀を担うとされた神社神道である。つまり「神道指令」は、神社神道と「イデオロギー」を漠然と結びつけ、戦前の日本人の行動の背景にあったのは「国家神道」という宗教だった、と想定したのである。

その後、『国家神道』(岩波新書、一九七〇年)をはじめとする宗教学者・村上重良(一九二八―一九九一)の著作により、このような「国家神道」概念が広く普及することになった。『国家神道』のなかで村上は、教育勅語が「国家神道の事実上の教典としての役割」を果たしたと述べている。なぜなら勅語の冒頭で語られる「皇祖」とは「神話上の天皇の祖先」という「宗教上の観念」であり、勅語全体は「儒教にもとづく封建的忠誠の観念と、日本人の宗教的伝統に根ざす祖先崇拝の観念」を結合することで、国民に天皇への服従を説いたものであるからだという。かくして教育勅語を「国家神道」の「教典」として理解する解釈が、戦後の日本社会で定着することになった。

しかし、その成立経緯において神社神道と何ら関係を持たなかった教育勅語を、「皇祖」という言葉を頼りに「国家神道」と結びつける村上の解釈は、明らかに飛躍している。こうした飛躍をなさしめているのは、戦前の日本と決別して民主主義を確立することを目指した戦後日本の歴史性であったといえる。あらゆる解釈という営為が歴史性を免れない以上、村上のような解釈が直ちに無意味であるとはいえない。それが戦後日本社会のなかで一定の役割を果たしたことも確かであろう。だが現代の視点から再検討するならば、それも何らかの歴史性に規定されているとしても、別様の解釈が可能なはずである。本章は先行研究によりつつ教育勅語の思想史的背景をさかのぼり、勅語と神道の関係をめぐって、村上とは異なる解釈を試みるものである。

二　教育勅語の成立背景と「神道」

「古道」と「斯道」

キリスト教や仏教とは異なり、神道に教義はないとよくいわれる。だがそれは明確な誤りである。歴史的に見るならば、神道の教説やそれを記したテクストは無数に生み出されてきた。とはいえ、確かに中世から近世半ばまでの神道教説は、主に仏教や儒教の教理を当てはめて『日本書紀』などの古典を解釈することにより成り立っていたものであった。そうした教義のあり方は、おおよそ一八世紀に入り大きく転換することになる。「古学」や「皇国学」と呼ばれる学問、今でいう「国学」の登場によってである。

国学者の代表である本居宣長は、仏教や儒教の教理による古典解釈を排し、書かれた当時の文脈に即して古典を理解する考証主義的方法を大成した。それは同時に、人為的な道徳を弄する儒学のような「漢意《からごころ》」を捨て、『古事記』に表れているように、神々のはからいのままにしたがって生きていく古代人のあり方に帰ることを意味した。従来の「神道」教説が仏教や儒教との混合であったことに鑑み、宣長はそのあり方を「神道」と区別して「古道《いにしへのみち》」と呼んだ。

しかし、宣長は自らの標榜する考証主義を貫徹できていたわけではない。宣長の『古事記』注釈においては、たとえば万物を生み出すとされる高御産巣日神《たかみむすびのかみ》と神産巣日神《かみむすびのかみ》、また人間に吉凶をもたらす直毘神《なおびのかみ》と禍津日神《まがつびのかみ》といった神々への信仰が見られ、それは『古事記』本文から直接的に読み取れる意味を逸脱している。こうした神学的教説の発展と考証主義との矛盾は、宣長の後継者を称した平田篤胤とその門流において拡大していき、高御産巣日神と神産巣日神に天之御中主神《あめのみなかぬしのかみ》を加えた「造化三神」への信仰や、死後の世界をめぐる教説などが展開されていった。

他方、一八世紀末から幕藩体制が内政と外交の両面の危機的状況に陥っていくなかで、水戸藩において新たな学問の潮流が起こった。幕藩体制の再建を目指し、主に藤田幽谷とその弟子たちによって説かれた政治思想であり、水戸学と呼ばれる(あるいは前期の水戸学と区別し、後期水戸学といわれる)。水戸学の中心にあるのは、天皇が永遠に統治する日本の伝統的国家体制という理念であり、彼らはそれを「国体」と呼んだ。水戸学の基本は儒学であったが、会沢正志斎や藤田東湖といった水戸学者たちは国学を学んでおり、それゆえに国学を批判し、差異化を図った。

彼らの国学批判のポイントはいくつか挙げられる。一つには、物事のあるがままの流れに従うという考えでは社会を統治できないということ。彼らによれば、日本の「国体」が維持されてきたのは明確な道徳的規範があったからである。第二に、国学者たちは考証主義を標榜しながらも、実際には古典に書かれていない神学的教説を説くに至っている。こうした批判をもとに、彼らは国学とは異なる「国体」像を提示した。正志斎の場合、大嘗祭のような皇室祭祀を通じて、人々がかつて天皇に忠誠を尽くしていた祖先の功業を思い起こし、祖先への孝行として自らも天皇に忠誠を尽くすことで「忠孝」の一致が実現するとした。そうした仕組みにより「億兆心を一にして」、国家を強化できるというのである。

他方、東湖の場合、古典に記された神々の事跡に、人が行うべき（儒教的な）道徳的規範が示されていると考えた。それは宣長が否定した儒教的な古典解釈に見える。しかし東湖によれば、神代の出来事を拡大解釈して「私智」に陥っているのは国学者のほうである。むしろ人は不可知の神代については判断を停止し、神々の行動から平易に読み取れる道徳的規範に従うべきである、と東湖はいう。そのようにして示された道徳的規範を、東湖は「神道」でもなく「古道」でもなく「斯道《このみち》」と呼んだ。「誰か能く出づるに戸《こ》に由らざらん。何ぞ斯《こ》の道に由ること莫《な》きや」という『論語』雍也《ようや》篇に由来する言葉である。「斯道」は儒教と通底する普遍的なものとされるが、それを天皇と日本人が実践してきたことにより、日本の「国体」は維持されてきたと東湖は考えた。

このような正志斎の『新論』（一八二五年）や東湖の『弘道館記述義』（一八四七年）といった著作は幕末の志士の間で広く読まれた。そこで彼らの言説は水戸藩や幕藩体制の再建という文脈から離れ、天皇を中心とする国民国家の建設という課題に向けて応用されていくことになる。

「神道」批判としての「治教」

「祭政一致」を理念として掲げた明治維新が行われるなかで、一八六八(明治元)年、宮廷の神祇官が復興され、一八七一(明治四)年には太政官布告により、公的に神社は「国家の宗祀」と規定された。神職の世襲が廃止されるとともに、神職は官吏として位置付け直され、また全国の神社は社格によって体系化されていった。一八六九(明治二)年には神祇官に宣教使が設置され、一八七〇(明治三)年の大教宣布の詔以降、神道の教えに基づく国民教化活動が開始される。

これは「国家神道」の成立と見えるかもしれない。だが、宣教使は所期の成果を挙げることができず、一八七二(明治五)年、神祇省(神祇官を改称して成立)は、さらに教部省へと改組される。そして、神職だけではなく僧侶も合同して教導職となり、共に国民教化活動を行うことになった。だが、教導職の中心施設たる大教院に造化三神や天照大神が祀られ、教説にも神道色が残るものであったために、この活動は仏教側の反発を招き、一八七五(明治八)年の大教院からの真宗四派の離脱により、神仏合同布教は失敗に終わった。

こうした真宗の離脱を主導したのが、本願寺派の僧侶である島地黙雷(一八三八―一九一一)だった。島地は政教分離や信教の自由といった近代西洋由来の理念を掲げることで教導職の現状を批判するとともに、神道に関しては、「決シテ所謂宗教タル者ニ非ルヲ知ル」と述べている。島地は古代から存在する元来の神道を「治教」と呼ぶ。すなわち島地にとって本来の神道とは社会統治のための制度や規範であり、それは仏教などの「宗教」とは区別され、それゆえに政教分離とも背馳しないというのである。島地は、教導職を務める「神道者流」、すなわち神職や国学者らがこうした治教と宗教の区別を理解せず、神道を「宗教」化していると批判する（「建言　教導職ノ治教宗教混同改正ニツキ」、一八七四年）。別の文章のなかで島地は、「神道者流」の例として造化三神をめぐる教説を挙げている。

> 造化三神ヲ教本トスルハ、近世一種ノ神道者流ニ原ス。此独リ僧侶ノ尊バザルノミナラズ、本邦何ノ所ニカ之ヲ祭ルノ社アルヤ。其ノ国体ニ関セザルモ明カナリ（「教職分合弁ヲ駁ス」、一八七四年）

造化三神に関する教説は国学者が新たに作り出したものに過ぎない。古来造化三神を祀る神社が存在しないのはその証拠であり、こうした教説は「国体」とも無関係である、と島地はいう。以上のような島地の議論が、藤田東湖の「斯道」論と類似していることは明らかであろう。国学者らの唱える「宗教」的な神道教説を人為的なものとして排し、「神道」から「国体」に基づく道徳的規範のみを取り出そうとする発想がこの時代には広まりはじめていた。

祭神論争と神社非宗教論

真宗四派の離脱後、一八七五（明治八）年五月に大教院は解散し、一八七七（明治一〇）年には教部省も廃止される。大教院の解散を見越し、神道側は東京に神道教導職の拠点たる神道事務局を設立した。この神道事務局の神殿には造化三神と天照大神を中心とする神々が祀られたが、出雲大社大宮司の千《せん》家《げ》尊福《たかとみ》は、大国主神もまた中心的な神格として祀られるべきだと主張した。その背景には、大国主神をこの地上と死後の世界を司る神とする独自の教説があった。伊勢神宮大宮司であった田中頼庸《よりつね》はそれに反対し、以後、神道界においては出雲派と伊勢派に分かれての所謂「祭神論争」が勃発する。

結局この論争は一八八一(明治一四)年、明治天皇の勅裁により決着が付けられた。その結論は神道事務局神殿において宮中三殿、すなわち皇居で祀られている賢所《かしこどころ》、皇霊、天神地祇を遥拝するようにと命じたものだった。それは出雲派の主張を退けるものであったが、伊勢派の勝利をも意味しなかった。既に指摘のある通り、この勅裁は伊勢派の奉ずる造化三神も排除するものだったからである。

祭神論争によって露呈したのは、考証主義から逸脱しながらも多様に発展していた「宗教」的な神道教説を、一つの正統教理にまとめることの困難さであった。こうした事態を受けて、政教分離や信教の自由に基づく近代世俗国家を志向しつつあった政府は、一八八二(明治一五)年に神官と教導職の分離を命じた。島地黙雷らの議論に由来する神社非宗教論に基づき、神宮や官国幣社の神官が教化活動や葬儀といった「宗教」的行為を行うことを禁じたのである。これにより「国家の宗祀」という位置付けは残りながらも、神社における神の祭祀は祖先に対する世俗的、道徳的崇敬の表明であるという解釈が以後定着していく。他方で「宗教」的行為を行う神道は「教派神道」として区別された。

この一八八二年の変化以降、神社は「宗教」と区別される「非宗教」的なものとして規定されていった。そして神社が「国家の宗祀」であることは政教分離と矛盾しないと政府は説明した。神の祭祀なるものが「宗教」ではないというこのロジックが詭弁であることは、当時から明白だった。そのため神社の「宗教」性をめぐる議論は以後大正・昭和期に至ってもしばしば噴出し、それは結局、戦後に神社神道が宗教法人として位置付け直されるまで解決しなかった。

だが、政府がかかる詭弁を弄したことは、神道を事実上の「国教」にしたということを意味したわけではない。明治一〇年代から二〇年にかけての政策によって、神社への財政的支援は削減され、神職の待遇も格下げされていった。他方で政府の中枢には、国民を統合し社会秩序を維持するためには、何らかの宗教的規範が必要だと考える人々もいた。よく知られた言葉だが、憲法制定に向けて行われた一八八八(明治二一)年六月一八日の枢密院会議の席上、伊藤博文は次のように述べた。

抑《そもそ》モ欧州ニ於テハ、憲法政治ノ萌芽セルコト千余年、独リ人民ノ此制度ニ習熟セルノミナラズ、又タ宗教ナル者アリテ之ガ基軸ヲ為シ、深ク人心ニ浸潤シテ、人心此ニ帰一セリ。然ルニ我国ニ在テハ、宗教ナル者其力微弱ニシテ、一モ国家ノ基軸タルベキモノナシ。……神道ハ祖宗ノ遺訓ニ基キ之ヲ祖述ストハ雖、宗教トシテ人心ヲ帰向セシムルノ力ニ乏シ。我国ニ在テ基軸トスベキハ、独リ皇室アルノミ。(『枢密院会議議事録』第一巻)

ヨーロッパにおいて立憲政治が行われながらも社会秩序が崩壊しないのは、キリスト教という精神的な「基軸」があるからだ、と伊藤は見る。その当否はともかくとして、ここで注意すべきは、神道は人々を引き付ける宗教的な力に乏しく、それゆえ日本の「基軸」とはなりえない、と伊藤が考えていたことである。そこで神道に代わる国民統合の要として、天皇の存在が浮上する。結局のところ明治政府が選択した方針はそれだった。神社非宗教論によって神社神道が「宗教」としての力を持ち得ないなかで、神道とは別の動向から、教育勅語は起草されたのである。

三　井上毅と教育勅語

教育勅語と「信教の自由」

それでは教育勅語が実際に作られるに当たって、神道は何らかの関わりを持っていたのだろうか。教育勅語の作成過程については多くの研究があるが、少なくともその過程に神社神道とその関係者が何ら関与していないことは確かである。教育勅語の起草と修正を担当した井上毅と元田永孚にしても、国学者や神道家ではない。以下、井上の事例を中心として、「国家神道」との関係にまつわる論点を確認しておこう。

井上毅が一八九〇（明治二三）年六月二〇日の山県有朋宛書簡のなかで、「今日之立憲政体之主義に従へば、君主は臣民之良心之自由に干渉せず」と述べ、教育勅語をあくまで「君主の著作公告」として発布するように提言したことはよく知られている。「此勅語には、敬レ天尊レ神等之語を避けざるべからず。何となれば此等の語は忽ち宗旨上之争端を引起すの種子となるべし」「世にあらゆる各派の宗旨の一を喜ばしめて他を怒らしむるの語気あるべからず」とも記しているように、井上は信教の自由の原則に基づき、あらゆる宗教に対して中立的な内容になるものとして勅語を構想していた。

それと並行して、井上は六月二五日の書簡のなかで「道之本原を論ずるは二種ありて、一は天神之宣命なりとし（邪蘇《ヤソ》教）、他の一は人之性情は天徳と同体なりとす（仏説幷《ならびに》易理、宋儒）。而して此両説共に近世哲学之多くは擯斥《ひんせき》する所たり」と述べている。道徳的規範は超越者の命令や人心に宿る超越性によって根拠づけるべきではないというのが井上の考えだった。

また、井上哲次郎の『勅語衍義』草稿への注釈において、井上毅は「皇祖皇宗」の解釈に対して、「皇祖」は天照大神ではなく神武天皇を指し、「皇宗」は「歴代ノ帝王」を指すと記している。齊藤智朗が指摘しているように、井上はあくまで世俗主義的な道徳的規範とするために、勅語を天照大神などの神格によって根拠づけるべきではないと考えていたのである。

井上毅と国学

井上毅は国学者と密に交流しており、明治憲法や皇室典範の編纂にあたっては彼らの助力を得ていた。とすれば教育勅語にもその影響があるのだろうか。とはいえ井上が交流していたのは小中村清矩や池辺義象《よしかた》といった考証派の国学者、すなわち「近代国学」(藤田大誠)と呼ばれるような宗教と学問の分離を前提とした国学者たちだった。

たとえば小中村清矩は一八八九(明治二二)年の講演のなかで、自らの目指す国学について「国体を基とする外は、従来の古学者の仕方とは、よほど違つた事になりませう」と説明している。すなわち「高天ノ原、黄泉ノ国、神の御名」などのことは探究せず、ただ古典にどのように書かれているかだけを問題とするというのである。小中村によれば、それは「信心」と「学術」の分離ということであった(「国学の前途」)。

池辺もまた、「神道」という「原則」に基づきすべてを「演繹論理」によって説明する従来の国学を批判し、「神道ヲ説《とい》テ人ニモ教ヘ我モ信スルハ宗教上ノ事ニシテ国学者ノ事業ニ非ス」(「国学改良論」)、一八八七年）と、「神道」と「国学」の分離を説いていた。

「国体」をめぐる理念は継承しつつも、神代や死後の世界などに関する神学的解釈には立ち入らず、ただ古典の考証を行う。こうした小中村の学問観は、「国体」に基づく道徳と「宗教」的神道教説との分離を目指す藤田東湖や島地黙雷らの言説と表裏一体のものである。祭神論争以後、国学者の間でも学問と「宗教」的な神道教説とを分離しようとする流れが強まっていた。日本の古典から「一つの宗教的の論理」を導き出した従来の神道思想を「かんながら〔惟神〕の道の本意に背」くもの（「国典講究ニ関スル演説」、一八八八年）と評した井上も同様の学問観を共有していた。井上に国学との関わりがあるとしても、それを直ちに神道と結びつけることはできないのである。

井上毅と水戸学

教育勅語において示された道徳的規範の内容に関しては、水戸学からの影響がしばしば指摘される。「克ク忠ニ克ク孝ニ」や「国体」といった言葉は確かに水戸学的な表現である。事実、井上毅が少年期に学んだ肥後藩の必由堂《ひつゆうどう》では後期水戸学が教育に取り入れられていた。それを別にしても、幕末維新期における水戸学的言説の流行に鑑みれば、井上が水戸学の影響を受けていることは不思議ではない。

しかしそのことから直ちに、水戸学の「国家神道」的思想が教育勅語の「起源」であると結論づけられるのだろうか。教育勅語との関係では、「国体」や忠孝の一致などの観念の類似性から、会沢正志斎の『新論』との比較がよく行われるが、ここでは藤田東湖の議論を参照してみよう。

「我カ皇祖皇宗国ヲ肇ムルコト宏遠ニ徳ヲ樹ツルコト深厚ナリ」という冒頭の箇所についていえば、これは天皇の祖たる神々がその言動において儒教的徳目を示したという東湖の解釈と対応する。東湖の場合はそれが国学者の神学的教説の排除を伴っていたが、勅語においても神代や「皇祖」の神格への説明の欠如としてそれが表れている。このような「皇祖皇宗ノ遺訓」を「斯ノ道」と呼ぶことも、東湖の「斯道」という概念と対応する。「之ヲ古今ニ通シテ謬ラス之ヲ中外ニ施シテ悖ラス」としていることも、「斯道」を儒教と通底する普遍の「道」の日本における現れと解した東湖の議論と類似する。そして「斯ノ道」の実践を「国体ノ精華」と見なすことも、天皇と日本人の「斯道」の実践によって「国体」が支えられてきたという東湖の思想と共通する。

このように、教育勅語における道徳的規範が水戸学の言説と類似していることは明らかである。だが明治期の宗教史の展開に鑑みるならば、教育勅語の成立背景にあったのは、神道の「宗教」性と「国体」に基づく規範を分離し、それによって世俗的な近代国家を実現しようとする趨勢であったことがわかる。それは確かに一つの近代化のかたちではあった。こうした近代の文脈に、水戸学の「国家神道」的思想というよりも、むしろその「世俗」的言説が適合したのであろう。

とはいえ、教育勅語と藤田東湖の「斯道」論は同一というわけではない。究極的には普遍の「道」への信によって根拠づけられている東湖の「斯道」論に対して、教育勅語は意図的に超越的な根拠を排除しているからである。それゆえに「皇祖」や天皇の神性も強調されてはいない。

それでは、教育勅語における規範の真理性を支えているものは何か。それは天皇と国民が「斯ノ道」を実践し、互いに支え合うことで「国体」を維持してきたという物語である。それは歴史的事実というより、一つの信仰告白というべきものであろう。だがその「世俗」的外見ゆえに、この物語に基づく教育勅語は信教の自由を超えて、あらゆる国民に適用されうるものとなった。

四　教育勅語の「宗教」性

一高不敬事件

以上のように、天皇と日本人をめぐる物語を中核とする教育勅語の「世俗」性、超宗派性に鑑みれば、それを「国家神道」の教典と見なすことは適切ではない。だが、「皇祖」や「国体」といった言葉によって示される教育勅語の内容は、中立的であろうとするがゆえに漠然としており、多様な解釈の可能性があった。そこにどこまで「宗教」性を付与するかは、時代と状況に応じて変化した。

そのことを示す例が有名な、一八九一(明治二四)年の一高不敬事件である。第一高等中学校における勅語の奉読の式典において、謄本への拝礼が求められた際、キリスト者の教員であった内村鑑三はそれを偶像崇拝に当たると認識し、中途半端な礼をするに留まった。それが学生や教員に問題視され、やがてキリスト教は「国体」に反するという批判と結びつき、全国的な議論を引き起こす結果になったのである。

この謄本への拝礼という儀式は政府の規定にはなく、第一高等中学校の校長の考案によるものだった。やがて学校での勅語の奉読は「御真影」への敬礼を伴って行われるようになるが、そのような儀式を通じて教育勅語には新たな「宗教」性が付与されるようになっていた。

また、内村や、当時のキリスト教批判に反論したプロテスタント教会の指導者である植村正久にしても、問題にしているのは物体への拝礼という儀式や、天皇の神格化であって、勅語の内容自体には賛意を示していた。彼らの解釈は、信教の自由と一致するものとして教育勅語を構想した井上毅の意図をよく汲み取っているとさえいえる。それは同時に、勅語の前提となっている物語をキリスト者も共有していったことを意味する。

このように教育勅語は状況に応じて敵対する人間を排除するように解釈することができるものとなり、しかも「国体」を主題とするものであるため、それに反論しづらいという空気が醸成されていった。こうして教育勅語とそれに基づく国民道徳の基準に、各宗教も歩調を合わせていった。神道、仏教、キリスト教の代表者が集まり、「吾等ハ各々其教義ヲ発揮シ皇運ヲ扶翼シ益々国民道徳ノ振興ヲ図ランコトヲ期ス」と宣言した一九一二(明治四五)年の「三教会同」はそれを象徴する出来事である。

教育勅語発布後の「神道」

教育勅語発布の前後から、神社界の人々は神社非宗教論や教育勅語に示された道徳的規範に適応しつつ、神社神道の地位向上を求めて運動を起こした。その結果、明治三〇年代以降は神社への財政的支援や神職の地位は向上し、政府も神社を社会秩序維持の手段として活用するようになっていくが、神社神道の「宗教」としての内実は依然として制限され続けた。

そのようななかで神道側からの勅語解釈としては、たとえば国学者の今泉定介(定助)は発布直後の『教育勅語衍義』(一八九一年)のなかで教育勅語からもっぱら「仁徳」などの道徳を読み取っているが、昭和期になると神道学者の加藤玄智は「皇祖皇宗」という言葉に「神人同格教」としての神道を読み取り、教育勅語を「宗教書」と解釈している(「教育勅語と日本人の国民的宗教情操」、一九三四年)。髙野裕基が神道学者の河野省三の例を通して明らかにしているように、教育勅語や国民道徳に神道を読み込むとしても、それは常に神社非宗教論との兼ね合いで解釈されねばならず、その「宗教」性を一義的に決定することはできなかったのである。

このように教育勅語が国民統合に力を持ちえ、存続しえた所以は、それが「神道」的であったからではなく、むしろ天皇と日本人の物語を中核にしつつ、状況に応じて多様な解釈が可能であるというその構造にあったのだろう。教育勅語を「国家神道」の「教典」と見なすならば、この構造と、各時代における勅語解釈の差異を見失うことになる。したがって、たとえ現代において再び教育勅語が耳目を集めているとしても、それは「国家神道」の復活や戦前への「回帰」ではない。むしろその勅語解釈の背景にある現代的な状況とはどのようなものか、事柄に即して考える必要があるだろう。

教育勅語を「国家神道」の問題としてとらえるならば、それは所詮復活しつつある過去の亡霊にすぎない。だが天皇と日本人をめぐる物語は、敗戦によっても終わりはしなかった。天皇が「現御神《あきつみかみ》」であることを否定した一九四六年一月一日の詔書、いわゆる「人間宣言」においても、「朕ト爾等国民トノ間ノ紐帯ハ、終始相互ノ信頼ト敬愛トニ依リテ結バレ」ているとされたからである。近代日本がこのような物語の上に存立したということ、そしてかかる歴史的なものを超える倫理の根拠を持ち得なかったということ、それは重い事実であり、その「伝統」を我々はいかに受け止めるのか。教育勅語と「国家神道」の狭間から見えてくるのは、現在の一人一人に差し向けられているそのような問いである。

参考文献

葦津珍彦『新版　国家神道とは何だったのか』神社新報社、二〇〇六年。

井之上大輔「近代天皇制国家における後期水戸学の受容過程――井上毅を通して」『筑紫女学園大学・短期大学部　人間文化研究所年報』二一号、二〇一〇年八月。

岡田莊司編『日本神道史』吉川弘文館、二〇一〇年。

小倉慈司・山口輝臣『天皇と宗教』「天皇の歴史　〇九巻」講談社、二〇一一年。

小股憲明『明治期における不敬事件の研究』思文閣出版、二〇一〇年。

齊藤智朗『井上毅と宗教――明治国家形成と世俗主義』弘文堂、二〇〇六年。

阪本是丸『国家神道形成過程の研究』岩波書店、一九九四年。

同『近代の神社神道』弘文堂、二〇〇五年。

佐々木聖使「国家神道における「神」観の成立」『明治聖徳記念学会紀要』復刊第三五号、二〇〇二年六月。

島薗進『国家神道と日本人』岩波新書、二〇一〇年。

高野裕基「河野省三の国民道徳論――『国民道徳史論』を中心に」『神道宗教』二三一号、二〇一三年七月。

武田幸也「祭神論争における「伊勢」と「出雲」」『國學院大學研究開発推進機構紀要』第七号、二〇一五年三月。

戸浪裕之「島地黙雷の神道論――「神道治教」論を中心に」『神園』第一一号、二〇一四年四月。

新田均『「現人神」「国家神道」という幻想――「絶対神」を呼び出したのは誰か』神社新報社、二〇一四年。

藤田大誠『近代国学の研究』弘文堂、二〇〇七年。

村上重良『国家神道』岩波新書、一九七〇年。

II

教育勅語から考える

教育勅語肯定論の戦後史
――敗戦直後の擁護論から森友学園事件まで――

辻田真佐憲

教育勅語に関しては、一九四八年六月一九日に衆議院で排除、参議院で失効確認の決議がそれぞれ行われた。だが、その後も教育勅語の復活や再評価を図る動きは各方面で絶えなかった。二〇一七年前半の森友学園をめぐる一連の騒動は、教育勅語にたいする支持が今なお根強く存在することをわれわれにあらためて教えてくれた。

本稿は、こうした戦後における教育勅語肯定論の歴史をたどり、その主だった論点を整理することを目的とする。

なお、ここでいう教育勅語肯定論とは、戦後社会において教育勅語を擁護・再評価したり、その復活を主張したりする言説を指し、歴史的な評価(たとえば戦前社会において教育勅語が一定の役割を果たしていた)などは含まないものとする。

一　部分的肯定論と「新教育勅語」構想

アジア太平洋戦争の敗戦後、教育勅語は旧時代のシンボルとして一転して「封建的」「反動的」との批判にさらされた。最初期の肯定論は、これにたいする反撃として、主に文部省関係者から出された。その背景には、社会規範が失われ、混乱が生じることへの強い懸念があった。

その代表例のひとつが、文部省学校教育局長で法学者の田中耕太郎(一八九〇―一九七四)による「価値の転換」(『朝日新聞』一九四六年三月一三日付声欄。「教育勅語論議」として『教育と政治』好学社、一九四七年にも収録)である。

田中はいう。教育勅語は形式の面では「天皇の諭示」であり、君臣関係を前提とし、パターナリズム(父権主義)の色彩が濃い。しかし、内容の面では、個人道徳、家族道徳、社会道徳、国家道徳の諸規範を相当網羅的に盛っており、儒教、仏教、キリスト教の倫理とも共通している。一部悪用された面はあったものの、それは悪用したものの責任であって、内容それ自体が軍国主義的、過激国家主義的だったわけではない。まして封建的、反動的との批判はあたらない。たしかに、内容に関して、完全とはいえない点もある。世界の平和、人類の福祉への関心も示されなければならない。だが、不完全は誤謬ではない――。

この時期の肯定論は、教育勅語の形式と内容を区別し、そのうえで、「勅語」という形式は民主主義になじまないが、内容は基本的に妥当であるとする。いわば二段構えの部分的肯定論だった。文部省関係者も未曽有の敗戦を受けて、さすがに教育勅語を従来どおり無条件に肯定できなかったのである。

この傾向は、教育勅語が衆参両院で排除・失効確認されたあともつづいた。第三次吉田茂内閣の文部大臣で倫理学者の天野貞祐《ていゆう》（一八八四―一九八〇）は、「私はこう考える　教育勅語に代るもの」（「朝日新聞」一九五〇年一一月二六日付朝刊）において、より明確なかたちで部分的肯定論を繰り広げた。

天野もまた「勅語」という形式を問題視する。「これらの徳目が勅語という形式において道徳的基準として要請されることの不妥当なことはもちろんであります」。それでも教育勅語の「父母ニ孝ニ」から「国憲《コッケン》ヲ重《オモン》シ国法ニ遵《シタガ》ヒ」までは、「現在もわれわれの道徳的基準であります」として肯定する。すなわち天野は、「義勇《ギユウ》公《コウ》ニ奉《ホウ》シ以《モッ》テ天壌無窮《テンジョウムキュウ》ノ皇運《コウウン》ヲ扶翼《フヨク》スヘシ」の部分を除いて、教育勅語の徳目を肯定しようとしたのである。軍事色がある「義勇公ニ奉シ」と、皇室擁護の意味合いがある「以テ天壌無窮ノ皇運ヲ扶翼スヘシ」は、その後もたびたび議論の対象となった。

こうした部分的肯定論は、新しい教育勅語を求めないではおかない。形式を改め内容を加除すれば、道徳的基準を復活できるかもしれないからだ。

そのため、天野は教育勅語に代わる「国民実践要領」を構想した。「読売新聞」のスクープによれば、「国民実践要領」案は前文と四章（個人・家・社会・国家）で構成され、二七の徳目が並べられた。起草には、京都学派のメンバーとして知られる高坂正顕《まさあき》、西谷啓治、鈴木成高《しげたか》が関わった。

だが、「国民実践要領」は「天野勅語」などと一部で批判されて、一九五一年一一月二七日に白紙撤回を余儀なくされた。

その批判はやはり形式と内容にわかれた。形式の面では、いかに天皇の諭示ではないとはいえ、国家や文部大臣が国民に道徳基準を示すことは時代錯誤であるとされた。内容の面では、「国家の象徴として道義的中心たる性格をもっている」という天皇の位置づけがとくに問題視された。新しい道徳的基準の設定はなかなか難しかったのである。

なお、天野は文部大臣辞任後の一九五三年三月に個人の著作として『国民実践要領』を刊行した。そこでは、内容が大きく見直されていることを付記しておく。

こうした敗戦後の教育勅語の部分的肯定論は、問題もあるとはいえ、理解できないところもないではない。戦後の教育界は、あまりにも一方的かつ性急に教育勅語や道徳的基準を否定しすぎた。それに反発が起きたのも、やむをえなかった。

歴史学者の家永三郎（一九一三―二〇〇二）もまた、敗戦後の風潮に違和感を覚えたひとりだった。家永は、一九四七年一二月『史学雑誌』第五六篇第一二号に「教育勅語成立の思想史的考察」を寄せ、教育勅語がその外見に反して「頗る普遍性豊にして近代的国家道徳を多分に盛つた教訓」だったと指摘している（同論文は『日本思想史の諸問題』斎藤書店、一九四八年にも収録）。

本来、教育勅語はこのようにもう少し柔軟に議論されるべきだった。田中も天野もいわゆるオールド・リベラリストであって、けっして軍国主義や超国家主義の賛同者ではなかった。だが議論は深まらず、かえって「不当に排除された」などと、教育勅語肯定論の芽が残されてしまった。

二　読み直しによる全面的肯定論

そのいっぽうで、サンフランシスコ講和条約の発効が迫るなか、民間では教育勅語の全面的肯定論も出現した。その代表的論客が国体学者の里見岸雄(一八九七—一九七四)である。

里見は、自身が主宰する日本国体学会の雑誌『国体文化』において、一九五一年七月から九月にかけて「民主主義と教育勅語」を発表した。

里見は、過去の教育勅語解釈に問題があったと認めたうえで、教育勅語の原文をあらためて読み直した。冷静にみれば教育勅語自体は「時代的思想の着色がなく、一方的思想《イデオロギー》的態度のない透明普遍の根元的国民道徳法」であるというのである。そのため里見は、田中や天野のように、形式と内容の分離や、内容の加除を退けた。

その読み直しは、主に次の四つにわけられる。

第一に、教育勅語は封建的ではない。

明治憲法は近代的憲法である。したがって、それと一体的に出された教育勅語が封建主義的なわけがない。「忠孝」ということばも、普遍的な君臣・親子間の道徳をいうのであって、儒教のそれを指すのではない。

第二に、教育勅語は一方的ではない。

教育勅語では、臣民の道徳を一方的に示すだけではなく、天皇自身も「爾《ナンジ》臣民ト倶《トモ》ニ拳拳服膺《ケンケンフクヨウ》」

するとのべている。実に民主主義的だ。「父母ニ孝ニ」の徳目も、子供にたいする一方的な押し付けではなく、学校教育用なのでこう述べているまでのこと。そもそも子供にたいする親の慈愛は本能的なものなので、あえて言及するまでもない。

第三に、教育勅語は軍国主義的ではない。すべての個人は生存権をもち、それを守る権利をもつ。これはすべての民族や国民にも拡大できる。「一旦緩急アレハ義勇公ニ奉シ」は、このことをいうのであって、けっして軍国主義的ではない。

第四に、教育勅語は、皇室の利益のためのものではない。「皇運扶翼」は、日本民族が自覚に基づいて、その有機的統一・歴史的同一性を維持し、自主独立の発展、生命《マ》本末上《マ》下の大義を堅持するために、みずから作り上げた道徳法である。権力に強制され、皇室の利益を図ることではないので、民主主義に反しない。

こう述べたうえで、里見は教育勅語の徳目を正反対にしたものを示す。すなわち「人民惟ふに……父母に不孝に、兄弟に不友に、夫婦喧嘩し、朋友相信ぜず、傲奢己れを持し、憎悪衆に及ぼし、学を修めず業を習はず以て智能を退化し不徳の器を成就し、進で公益を広めず世務を開かず、常に国憲を軽じ国法に遵はず、一旦緩急あれば卑怯遁走し、以て天壌無窮の皇運を破壊すべし」。これはどう考えても間違っている。それゆえ、もともとの教育勅語はまったく正しい、と結論づけるのである。

里見は原文を読み直すことで、教育勅語が戦後の民主主義社会にも問題なく適用できると主張した。教育勅語の全面的肯定論はその後も絶えないが、その先駆性と独創性と影響力において、里見の右に出るものはいない。

里見は、その後も同様の主張を繰り返した。その集大成が一九六五年四月の『国体文化』に掲載された「教育勅語か革命民語か」だ。同月、錦正社より単行本としても刊行された。

里見はここで、さきの教育勅語の徳目の正反対バージョンを「革命民語」と名づけ、教育勅語と「革命民語」のどちらを選ぶかと読者に迫ったのだった。

三　教育勅語肯定論各論の展開

こうして教育勅語肯定論の二本柱が成立したが、一九五〇年代後半から一九六〇年代にかけては、教育勅語肯定論の各論も相次いで現れた。ここではその主だったものをみておきたい。

まず、外国人による権威づけがあげられる。

教育勅語には、英語、ドイツ語、フランス語、漢文の官定訳が存在する。これが海外で評価された。このことは、教育勅語が普遍的であるという証拠だ、というのがその骨子である。

一九五〇年代後半より、西ドイツのアデナウアー首相が日本からの視察団にたいして教育勅語を高く評価したという説がたびたび唱えられるようになった。初出は明らかではないが、自民党の荒船清十郎衆院議員が吹聴していたらしい（今村均「教育勅語に就て」『新民』一九五九年一一月）。

一説によると、アデナウアーは執務室に教育勅語のドイツ語訳を掲げていたともいう。だが、ドイツ側の証言が皆無で、きわめて信憑性に乏しい。こうした外国人による権威づけは、その後アデナウアー以外でも行われたが、本当に根拠があるのか、都合のいい部分だけを切り貼りしていないか、しっかりした検証が求められる。

次に、教育勅語の実践があげられる。

教育勅語がそんなにすばらしい教えならば、学校教育で実際に使ってみようというのがこれである。一九六一年開校した島根県松江市の私立淞南高校(現・立正大学淞南高等学校)において、そうした教育が行われた。

淞南高校の創設者・岡崎功《いさお》は、終戦直後に松江騒擾事件に参加し、島根県庁を焼き討ちするなどした活動家である。同校ではこの岡崎の指導のもと、教育勅語が教育の基本方針とされた。全部の部屋に教育勅語が掲げられ、生徒は入学とともにその内容を教えられたという(田中冨士子「教育勅語を建学の精神とする淞南高校見学記」『真世界』一九六四年八月)。

教育勅語だけではなく、「君が代」や軍歌も歌わせる淞南高校の教育は、教育課程の違いこそあれ、後述する森友学園のそれを彷彿とさせる。こうした教育勅語の実践例もまた、肯定論の捨ておけない亜種だ。

最後に、社会や教育の荒廃との関連づけがあげられる。

高度経済成長により、日本はたしかに経済大国となった。だが道徳的にみれば、戦前よりも悪化している。これは教育勅語を喪失したのが原因である、というのがそれである。

さきにあげた里見の「教育勅語か革命民語か」においても、戦前は「教育勅語の教がゆきわたり、戦後の今にくらべれば、比較にならないほど、道徳的に安定していた」とし、戦後は次のように批判される。やや長いが、典型的な意見なので引用する。

親孝行？　そんなもの流行しないよ、頼んで生んでもらったわけじゃない、親が勝手につくったんだ、そんなセリフが聞かれもする。親の言うことなんかおかしくて聞いてはいられない、俺はわが道を行くで、性の道徳など全く無視して、不潔で危険な性遊戯にふける少年少女がうようよしている。賃上げ闘争だといって、学校の教師が徒党をつくって、大道を、ねじ八巻をして、スクラム組んで、ワッショイのジグザグ行進をやったり、文部省に押しかけて、坐り込みをやったりする。殺人、ひき逃げ、集団強盗、尊属殺し、婦女暴行、少年の下腹部切りを専門とする通り魔、誘拐魔の横行、一にも金、二にも三にも金、マネーオンリーの風潮、それでいて、もし第三国が日本を侵略してきたら君はどうするかと問うと、僕逃げますと平然として答える、書き立てたら、はてしがない。

社会や教育の荒廃と教育勅語との関連づけは、教育勅語やそれに類似する道徳的基準さえ復活させれば、さまざまな社会問題が解決できるといわんばかりの暴論につながりやすい。実際、そうした主張は今日なお散見される。

このように、一九五〇年代後半から一九六〇年代までは、教育勅語肯定論のさまざまな各論が誕生した時期だった。何度も繰り返される肯定論はじわじわと広がり、さまざまな場所で引用され、やがて政治家、経済人、文化人たちから教育勅語再評価の声があがる素地となった。

四　「口語文訳」の成立と天皇の存在の曖昧化

一九七〇年代に入ると、教育勅語にふたたび脚光が集まった。

一九七四年三月二八日、田中角栄首相が衆議院の本会議で教育勅語を「多くの普遍的な人倫の大本を示した部分がある」「形式を越えて現代にも通ずるものがある」などと再評価したのである。田中はその後も、最近の子供は「知恵太り」の「徳やせ」であるとし、「基本原理は今日にも共通する命題だ」などと、教育勅語を再評価しつづけた。

内容としては、典型的な部分的肯定論で新規性はない。ただ、首相の発言は多くの議論を引き起こし、さまざまな立場のひとびとに意見を表明させた。

その多くは否定論だったが、作曲家・黛敏郎（一九二九―九七）のごとく、「完全無欠、なんら修正するところはない」「全文をそのまま復活すべきである」と全面的肯定論を展開したものもあった（「教育勅語のすすめ」『浪曼』一九七四年九月）。

ただ、この時期でより重要なのは、佐々木盛雄《もりお》（一九〇八―二〇〇一）の活動だ。佐々木は、新聞記者をへて衆議院議員となり、第一次池田勇人内閣の官房副長官などをつとめた政治家である。

佐々木は議員引退後の一九七二年二月、『甦える教育勅語』を自身が主宰する国民道徳協会より自費出版した。同書は主に「前篇　教育勅語はなぜ必要か　明治大帝の遺訓と日本の現状」と「後篇　教育勅語の逐語解説　子供のためのわかりやすい話」からなる。佐々木はここで国民思想と社会秩序の乱れを嘆き、教育勅語の継承と権威の復活を主張した。

この論点は既出で、あえて取り上げるほどのものではない。ただ、佐々木は同書に教育勅語の「口語文訳」を掲載した。この「口語文訳」が明治神宮やその関連団体の小冊子に採用され、広く知られるようになったのである(後述)。

しかるに、この「口語文訳」が大いに問題含みだった。教育勅語を一般に広めたいあまり、佐々木はかなりの意訳を行ったからだ。

問題は多々あるが、その最たる部分は、天皇の存在をなかば隠蔽しているところだろう。「朕」は「私」、「臣民」は「国民」に置き換えられ、「皇祖皇宗」は「私達の祖先」、「爾祖先ノ遺風」は「私達の祖先が、今日まで身をもって示し残された伝統的美風」、「皇祖皇宗ノ遺訓」は「祖先の教訓」などと書き換えられた。これでは「朕」と「臣民」、「皇祖皇宗」と「爾祖先」の区別がなく、両者の間の上下関係がまったく見えてこない。

さらに、議論になりがちな「一旦緩急アレハ義勇公ニ奉シ以テ天壌無窮ノ皇運ヲ扶翼スヘシ」の部分も、「非常事態の発生の場合は、身命を捧げて、国の平和と安全に奉仕しなければなりません」と、やはり相当な改変が加えられた。

教育勅語の現代語訳はこれ以前にも存在した。だが、ここまで天皇の存在をぼかしたものはなかった。

佐々木の「口語文訳」は、いわば全面的肯定論と部分的肯定論の奇妙な融合だった。表面上は全面的肯定論だが、実際は不都合な部分を除いた部分的肯定論。だからこそ、さまざまな立場の教育勅語肯定論者に広く受け入れられたのだろう。

佐々木は、その後も類似した内容の著作を刊行した。一九七九年四月の『「教育勅語」の解説』(国民道徳協会)、一九八六年三月の『教育勅語　日本人のこころの源泉』(みづほ書房)などがそれだ。雑誌への寄稿も多く、佐々木は教育勅語の解説者として一時非常に大きな影響力を誇った。

五　明治神宮の普及活動と「十二徳」

先述したとおり、佐々木の「口語文訳」は、明治神宮やその関連団体の小冊子などに引用された。関係者によれば、明治神宮の側から佐々木に「口語文訳」の借用を求めたらしい(鎌田紀彦「今、甦える教育勅語」『大宮』第八九号、大宮八幡宮、二〇一一年)。

管見の限り、一九七三年一月に明治神宮社務所より刊行された『大御心《おおみごころ》　明治天皇御製教育勅語謹解』が、そうした小冊子の最初期のものである。ここに佐々木の「口語文訳」が、「国民道徳協会訳文」として掲載されている。

明治天皇を祀る明治神宮が、天皇の存在をぼかした「口語文訳」を用いるのはやや解せない。だが明治神宮の熱心な普及活動によって、佐々木の「口語文訳」はもっともよく知られる教育勅語の意訳となった。

現在でもインターネットで「教育勅語」と検索すると、明治神宮のウェブサイトに掲載された「国民道徳協会訳文」が上位にヒットする。ほかにめぼしい現代語訳もないため、その影響力はけっして無視できない。

また、こうした小冊子には、もうひとつ見逃せない記述がある。それは、教育勅語の徳目を「十二徳」に分類しているところである。

前掲の『大御心』によれば、「十二徳」とは次のとおり。

一、孝行　子は親に孝養をつくしましょう
二、友愛　兄弟、姉妹は仲よくしましょう
三、夫婦ノ和　夫婦はいつも仲むつまじくしましょう
四、朋友ノ信　友だちはお互いに信じ合ってつき合いましょう
五、謙遜　自分の言動をつつしみましょう
六、博愛　広くすべての人に愛の手をさしのべましょう
七、修学習業　勉学にはげみ職業を身につけましょう
八、智能啓発　智徳を養い才能を伸ばしましょう
九、徳器成就　人格の向上につとめましょう
十、公益世務　広く世の人々や社会の為になる仕事にはげみましょう
十一、遵法　法律や規則を守り社会の秩序に従いましょう
十二、義勇　正しい勇気をもってお国のために真心をつくしましょう

難解な原文にくらべ、この「十二徳」という整理は非常にわかりやすい。普遍性のアピールにももってこいだ。そのため、教育勅語に批判的なひとびとにも引用され、広く普及している。

とはいえ、この整理はかならずしも絶対的ではない。二〇〇三年三月、明治神宮崇敬会が企画・発行した小冊子『たいせつなこと Important qualities』を見てみよう。

同書では、教育勅語をベースに、「二十一世紀の国家・社会の形成に主体的に参画する日本人の育成」をはかるために欠かせない「たいせつなこと」を一二項目にまとめ直したとされるが、これはさきの「十二徳」と内容が異なっているのである。

やはり列挙すれば次のとおりとなる。一二項目には、それに関連する「すなおに言ってみたい日本語」とその英訳がついているが、ここでは日本語のみを転記する。

1　両親に感謝する　お父さんお母さん、ありがとう。
2　きょうだい仲良くする　一緒にしっかりやろうよ。
3　夫婦で協力する　二人で助けあっていこう。
4　友達を信じあう　お互い、わかってるよね。
5　自ら反省する　ごめんなさい、よく考えてみます。
6　博愛の輪を広げる　みんなにやさしくします。
7　知徳を磨く　進んで勉強し努力します。
8　公のために働く　喜んでお手伝いします。

9 ルールに従う　約束は必ず守ります。
10 祖国を守る　勇気を出してがんばります。
11 伝統を守る　いいものは大事にしていきます。
12 手本を示す　まず、自分でやってみます。

同書では、「一旦緩急アレハ義勇公ニ奉シ以テ天壌無窮ノ皇運ヲ扶翼スヘシ」がひとまとめに「祖国を守る」とされ、これまで徳目として数えられてこなかった「爾祖先ノ遺風ヲ顕彰スルニ足ラン／斯ノ道ハ実ニ我カ皇祖皇宗ノ遺訓ニシテ子孫臣民ノ倶ニ遵守スヘキ所」が「伝統を守る」、「朕爾臣民ト倶ニ拳拳服膺シテ咸《ミナ》其徳ヲ一ニセンコトヲ庶幾《コイネガ》フ」が「手本を示す」とされた。

これは、佐々木の「口語文訳」のバージョンアップである。天皇の存在はこれまで以上に曖昧にされ、天皇が主語の部分まで「たいせつなこと」として数え上げられている。

添えられた「意訳(口語文)」は、さらにその傾向が強い。たとえば、「一旦緩急アレハ」以下の箇所は、「もし国家の平和と国民の安全が危機に陥るような非常事態に直面したら、愛する祖国や同胞を守るために、それぞれの立場で「勇気を出してがんばります」と覚悟を決め、力を尽くしましょう」となっている(意訳については本書・長谷川亮一氏の論考も参照されたい)。

明治神宮やその関連団体は、天皇の存在を曖昧にしてでも教育勅語の普及を優先させたいように見受けられる。だが、それはもはや教育勅語といえるのだろうか。そんな疑問も湧いてこないではない。

六　教育勅語肯定論のパターン化

二一世紀に入っても、教育勅語肯定論はあとを絶たない。それどころか、教育勅語に肯定的な著作が次々に刊行されている。ただ、新しい論点は乏しく、基本的に既存の論点を焼き直したものが目立つ。

これまでの議論を踏まえて整理すれば、次のとおりである。

①部分的肯定論↓「新教育勅語」構想
②読み直しによる全面的肯定論
③外国人による権威づけ
④教育現場での実践
⑤社会・教育の荒廃との関連づけ
⑥口語文訳＝天皇の存在の曖昧化
⑦一二の徳目の強調

今日の教育勅語肯定論の典型的なパターンはこうだ。

教育勅語の内容は普遍的である。「口語文訳」を見よ⑥。一二の徳目を見よ⑦。国際的にも評価されている(3)。戦後日本はこのすばらしい教育勅語を喪失したために、さまざまな問題が起こっている(5)。

そこから「いいところもある」「問題ある形式や内容を見直して『新教育勅語』を作れ」と部分的肯定論になるか(1)、「すべて復活すべき」「どこが問題なのか」と全面的肯定論になるか(2)、さらにより具体的に教育現場での実践になるか(4)は、分岐するところである。

ひとつだけ新しい論点があるとすれば、それは東日本大震災との関係だろう。同震災で日本人がボランティアなど立派なふるまいをしたのは、日本人の心に教育勅語の精神がささやかながら残っていたからだというのである。

こうした考え方は、伊藤哲夫『教育勅語の真実』(致知出版社、二〇一一年)、高橋史朗監修『物語で伝える教育勅語』(明成社、二〇一二年)などに見られる。

ただ、全般的には、やはり新規性は乏しい。伊藤の前掲書でも、教育勅語の喪失が「老人の孤独死や親殺し・子殺し、若者のニート化や引きこもり、教育現場の混乱、子供たちの方向性喪失、モラルなき政治の横行など、今日の殺伐とした社会」と関連づけられており、依然として社会・教育の荒廃の原因との主張が幅を利かせている。

二〇一七年前半に日本社会を騒がせた、大阪市の学校法人・森友学園が運営する塚本幼稚園幼児教育学園の「愛国教育」についても同様だ。同学園では教育勅語を重視し、毎朝園児に暗唱させていた。これは各種メディアで散々報道されたとおりである。教育課程こそ違えども、これは先述した淞南高校と類似する。

また、同学園のウェブサイトには、「12の徳目」として前掲の『大御心』とほぼ同じものが掲げられ、「口語文訳」として「国民道徳協会訳文」すなわち佐々木盛雄の意訳が掲げられていた（現在は削除）。森友学園の「愛国教育」はまさに、これまでの教育勅語肯定論の合成の感がある。

なお、一連の騒動によって認可申請が取り下げられたが、二〇一七年四月に開校予定だった同学園の小学校・瑞穂の國記念小學院でも、「教育勅語素読・解釈による日本人精神の育成」が「全教科の要」になる予定だったという。

それにしても、なぜいま教育勅語肯定論はここまで広がっているのだろうか。

この問いに一言で答えるのは容易ではないが、近年の「保守」勢力の伸張が関係していると考えられる。「保守」勢力が大きくなれば、勝ち馬に乗ろうとして、「にわか保守」も必然的に集まってくる。そんなものたちにとって、教育勅語肯定論ほど便利なものはない。決められたパターンに則って教育勅語を肯定しておけば、簡単に「保守」の振りができるからだ。難解な原文を読み解く必要もないし、面倒な歴史や文化をまじめに学ぶ必要もない。

教育勅語暗唱を使って権力者側に食い込んだ森友学園や、その教育方針を賛美しておきながら、問題が発覚するや蜘蛛の子を散らすように逃げ去った「保守」系の論者たちは、その戯画的な象徴だったのではないか。

同じような事例はほかにもあげられる。稲田朋美防衛大臣（当時）は、二〇一七年三月八日の参議院予算委員会で「日本が道義国家を目指すべきである」ことを教育勅語の「核の部分」としてあげた。だが、教育勅語の原文に「道義国家」ということばはない。このことばこそ、実に佐々木盛雄の「口語文訳」に見えるものなのだ。ここにも教育勅語肯定論のパターン化が見て取れる。「保守」ブームのなかで、教育勅語の内容はかえって真剣に検討されず、ただ記号としてのみ流通し、消費される。教育勅語肯定論はますます空虚になり、それゆえに、記号としてますます拡散する。これが教育勅語肯定論の偽らざる現状である。

最後に

今後われわれは、教育勅語肯定論にどのように向き合うべきだろうか。

まず、教育勅語を歴史的にしっかり位置づけなければならない。教育勅語を蛇蝎のごとく忌み嫌い、全否定するだけではかえって反発を招き、肯定論を後押ししかねない。冷静に教育勅語を位置づけ、そのうえで教育勅語の問題点などを論じるべきである。

次に、合理的な批判を行わなければならない。教育勅語肯定論では、戦後社会のさまざまな問題が教育勅語の喪失と結びつけられているが、それは本当に根拠があるのだろうか。たとえば、凶悪な少年犯罪は戦後減りつづけているのではなかったか。

また、外国人による権威づけは確かなものなのか。「口語文訳」や一二の徳目への整理は、原文の意味を損なっていないか。不問に付されがちな「父母ニ孝ニ」から「国憲ヲ重シ国法ニ遵ヒ」までは本当に普遍的な徳目なのか。そもそも教育勅語を部分的に切り離して評価することは妥当なのか。ひとつひとつ丁寧に検討していくことが求められる。その積み重ねが、安易な教育勅語肯定論にたいする何よりもの防波堤になるはずである。

もとより、このような試みはすでになされてきた。問題は、それが社会にうまく届いていなかったことだ。これにたいし、教育勅語肯定論は、社会に届くことには成功してきた。そのたゆまぬ努力だけは認めなければなるまい。

教育勅語肯定論はたしかにずさんかもしれないが、だからといって、侮って野放しにしていいわけではない。教育勅語肯定論は弱まっても、消えてもいない。その主張を継続的にチェックし整理し批判することは、今後も大きな意味があるはずである。

「口〝誤〟訳」される教育勅語——戦後の教育勅語受容史

長谷川亮一

教育勅語の三つの「口語訳」

いま手元に、いずれも明治神宮、あるいはその関連団体が発行した、教育勅語に関係する三冊の冊子がある。

まずは、一九七三年に明治神宮社務所より発行された『大御心《おおみこころ》　明治天皇御製教育勅語謹解』という、新書判の一五七ページの冊子。表紙では「大御心　明治天皇御製教育勅語謹解」、背表紙では「明治天皇御製教育勅語謹解」、「まえがき」では「大御心」となっていて、どれが正確な題名のつもりなのか判別しづらいのだが、ひとまず『大御心』と呼んでおこう。中身は「五ヶ条の御誓文」「明治天皇御製謹解」「昭憲皇太后御歌謹解」「教育勅語謹解」「人生の儀礼」となっている。

二冊目は、二〇〇三年に明治神宮の信徒団体である明治神宮崇敬会から発行された『たいせつなこと important qualities』という、A5判で二〇ページのパンフレット、というより絵本である。「明治天皇から私たちへの贈り物（プレゼント）」と称して、子ども向けの教育勅語の解説が書かれている。

最後は、二〇一二年に明治神宮より発行された『新版　明治の聖代』と題する、三六判の三九七ページの本。明治天皇御製集および昭憲皇太后御歌集で、奥付によれば製作は錦正社となっている。なお「新版」というのは、一九三五年に発行された『明治の聖代』（明治神宮社務所・明治神宮祭奉祝会）の新版という意味だが、御製・御歌集という以外、中身はほとんど別物といってよい。

もちろん、明治神宮の祭神は明治天皇と昭憲皇太后なのだから、明治神宮が教育勅語を頒布したり、それに関した書籍を発行したりすることは、特におかしなことではない。現在でも神宮境内の頒布所では教育勅語謄本を頒布しているのである。参拝者がそのことをどれだけ意識しているか、ということは気にかかるところではあるが、そのことはひとまず措いておこう。

この三冊は、いずれも教育勅語の口語訳を載せている。

まず『大御心』。「国民道徳協会訳文による」となっている。

私は、私達の祖先が、遠大な理想のもとに、道義国家の実現をめざして、日本の国をおはじめになったものと信じます。そして、国民は忠孝両全の道を全うして、全国民が心を合わせて努力した結果、今日に至るまで、美事な成果をあげて参りましたことは、もとより日本のすぐれた国柄の賜物といわねばなりませんが、私は教育の根本もまた、道義立国の達成にあると信じます。

国民の皆さんは、子は親に孝養をつくし、兄弟、姉妹はたがいに力を合わせて助け合い、夫婦は仲むつまじく解け合い、友人は胸襟を開いて信じ合い、そして自分の言動をつつしみ、すべての人々に愛の手をさしのべ、学問を怠らず、職業に専念し、知識を養い、人格をみがき、さらに進んで、社会公共のために貢献し、また法律や、秩序を守ることは勿論のこと、非常事態の発生の場合は、真心をささげて、国の平和と、安全に奉仕しなければなりません。そして、これらのことは、善良な国民としての当然のつとめであるばかりでなく、また、私達の祖先が、今日まで身をもって示し残された伝統的美風を、更にいっそう明らかにすることでもあります。

このような国民の歩むべき道は、祖先の教訓として、私達子孫の守らなければならないところであると共に、このおしえは、昔も今も変わらぬ正しい道であり、また日本ばかりでなく、外国で行っても、まちがいのない道でありますから、私もまた国民の皆さんとともに、父祖の教えを胸に抱いて、立派な日本人となるように、心から念願するものであります。

次に『たいせつなこと』。「意訳(口語文)」となっているが、文責者の名前はどこにもない。

(一) 国民の皆さん、私《わたくし》たちの祖先は、国を建て初めた時から、道義道徳を大切にする、という大きな理想を掲げてきました。そして全国民が、国家と家庭のために心を合わせて力を尽くし、今日に至るまで美事な成果をあげてくることができたのは、わが日本のすぐれた国柄のおかげであり、またわが国の教育の基づくところも、ここにあるのだと思います。

(二) 国民の皆さん、①あなたを生み育ててくださった両親に、「お父さんお母さん、ありがとう」と、感謝しましょう。②兄弟のいる人は、「一緒にしっかりやろうよ」と、仲良く励ましあいましょう。③縁あって結ばれた夫婦は、「二人で助けあっていこう」と、いつまでも協力しあいましょう。④学校などで交わりをもつ友達とは、「お互い、わかってるよね」と、信じあえるようになりましょう。また、⑤もし間違ったことを言ったり行ったときは、すぐ「ごめんなさい、よく考えてみます」と自ら反省して、謙虚にやりなおしましょう。⑥どんなことでも自分ひとりではできないのですから、いつも思いやりの心をもって「みんなにやさしくします」と、博愛の輪を広げましょう。⑦誰でも自分の能力と人格を高めるために学業や鍛錬をするのですから、「進んで勉強し努力します」という意気込みで、知徳を磨きましょう。さらに、⑧一人前の実力を養ったら、それを活かせる職業に就き、「喜んでお手伝いします」という気持ちで公＝世のため人のため働きましょう。⑨ふだんは国家の秩序を保つために必要な憲法や法律を尊重し、「約束は必ず守ります」と心に誓って、ルールに従いましょう。⑩もし国家の平和と国民の安全が危機に陥るような非常事態に直面したら、愛する祖国や同胞を守るために、それぞれの立場で「勇気を出してがんばります」と覚悟を決め、力を尽くしましょう。

いま①〜⑩に述べたようなことは、善良な日本国民として不可欠の心得であると共に、その実践に努めるならば、⑪皆さんの祖先たちが昔から守り伝えてきた日本的な美徳を継承することにもなりましょう。

(三)このような日本人の歩むべき道は、わが皇室の祖先たちが守り伝えてきた教訓とも同じなのです。かような皇室にとっても国民にとっても「いいもの」は、日本の伝統ですから、いつまでも「大事にしていきます」と心がけて、守り通しましょう。この伝統的な人の道は、昔も今も変わることのない、また海外でも十分通用する普遍的な真理にほかなりません。

(四)そこで、⑫私自身も、国民の皆さんと一緒に、これらの教えを一生大事に守って高い徳性を保ち続けるため、ここで皆さんに、「まず、自分でやってみます」と明言することにより、その実践に努めて手本を示したいと思います。

最後に『新版 明治の聖代』。これは、明治神宮（編）『明治天皇のみことのり』（日本教文社、一九七五年）に収録された、文部省主任教科書調査官であった歴史学者・村尾次郎（一九一四―二〇〇六）による訳文を下敷きにしている。「凡例」によれば、神道史家の阪本是丸（一九五〇― ）が監修したものとなっている。

わが先祖、御歴代の天皇が国のもといをお定めになったのは悠遠のいにしえであり、また、その御事業は偉大であり、道徳の根底を深く植えつけ、てあつい恵みを民に注ぎ給うた。わが臣民はまごころをこめて君に仕え親にかしずき、全国民が心を一つにして代々その美風をまっとうしてきたこと、これぞわが国がらの最もすばらしい特色であり、教育の根本は実にこの歴史に示されているのである。

臣民よ、なんじらは父母に孝行、兄弟は仲よく、夫婦はむつまじく、友人は互いに信頼し合い、自分自身はどこまでもつつましやかに、世間には差別なく愛情を注ぎ、学問を修め技能を習い、そうして知識や能力をひろげ高めて立派に人格を磨きあげ、積極的に公共の福祉を増進し、この世においてなすべきつとめを拡大し、常に国のおきてを重んじ法律に従い、もしも一度《ひとた》び国家に一大事が起きたならば、正しく勇ましく奉公して、皇祖以来一貫不動の皇運をたすけよ。このようにするならば、なんじはただ単に天皇に対して忠良な臣民であるというばかりでなく、また、なんじ自身の祖先が伝えた美風を世に明かにする孝道を発揮することともなるであろう。上に述べた道徳のそれぞれは、これぞまさにわが皇祖皇宗の伝え給うた御諭しであり、その子孫たる天皇、及び臣民がともに従い守るべきものである。道は古今を一貫していささかも誤りなく、世界にゆきわたらせて少しも道理に反することはない。わたしは、臣民とともに片時もこの道から離れることがないように志をしっかり立てつらぬき、みなで同じように立派な人格を磨きあげようと念願しているのである。

曖昧でわかりづらい文語文とはいえ、わずか三一五字の日本語を日本語に訳しているだけなのに、よくもここまで三者三様、違うように訳せるものである。しかも、頒布元が同じ明治神宮だというのに、である。

『新版　明治の聖代』の訳文は、それほどおかしなところはない。細かく見ると、最初の「朕惟フニ」が抜け落ちていたり、「国憲」(憲法、すなわち大日本帝国憲法のこと)を「国のおきて」と訳していたりするような、問題になりそうなところもあるが、原文から極端に離れているわけではない。

問題は『大御心』と『たいせつなこと』である。両者ともに「臣民」(subject の訳語で、君主国において君主の臣下である民のこと)を一律に「国民」に置き換えており、厳密にいえば誤訳だが、その程度では問題にならないくらい、大きな問題点がある。

『たいせつなこと』の訳文が、よくいっても大胆な意訳であることは、すぐにお気づきのことと思う。これは、「文意に即して「たいせつなこと」を十二項目に置き換え、それぞれ「すなおに言ってみたい日本語」に直してみました」、つまり、もとの文章から一二の徳目を抜き出し、それを、たとえば「父母ニ孝ニ」なら「お父さんお母さん、ありがとう」という表現に置き換えたからである。

教育勅語では、中盤、「爾臣民父母ニ孝ニ」から始まって、臣民が守るべき一連の徳目が列挙され、「一旦緩急アレハ義勇公ニ奉シ以テ天壌無窮ノ皇運ヲ扶翼スヘシ」で結ばれる箇所がある。なお、ここに列挙された徳目の数について、近年の文献では一二としていることが多い。しかし、これは『大御心』において、孝行・友愛・夫婦ノ和・朋友ノ信・謙遜・博愛・修学習業・智能啓発・徳器成就・公益世務・遵法・義勇の「十二徳」とされたことに由来するもので、一九七〇年代以後に広まった解釈なのである。もともと、徳目の分け方、数え方には定説といえるほどのものはなく、戦前の注釈書では、九・一〇・一二・一四・一五・一六など、さまざまに数えられていた。[1] だいいち、『たいせつなこと』においても、ここの徳目は一〇と数えられている。あとの二つを、「文意に即して」といいながら、文脈から離れたところからとってきているのである。

さて、「義勇」、『たいせつなこと』では「勇気を出してがんばります」であるが、原文はその後に「以テ……扶翼スヘシ」と続いている。ここの「以テ」は曲者で、①特に意味のない接続詞とも、②直前の「一旦緩急アレハ義勇公ニ奉シ」のみにかかるとも、③「父母ニ孝ニ」から「義勇公ニ奉シ」までの全体にかかるとも解釈できる。「天壌無窮ノ皇運」は「永久に続く皇室の運命」という意味なので、②なら、「緩急」(緊急事態)の際には「公」(国家)のために力を尽くすことで皇室の運命を助けなさい、という意味になり、③なら、親孝行も兄弟愛も、すべては皇室の運命を助けるためにすることである、という意味になる。ここの解釈は勅語発布から二〇年以上も定まっていなかったが、一九一

三年発行の『高等小学修身書　巻二』において③の解釈が採用され、以後、この解釈が定着する。(2)

それでは、『たいせつなこと』ではどうなっているかというと、どこにも「以テ……扶翼スヘシ」に該当する箇所が見当たらない。これは、一見すると『たいせつなこと』よりはマシに見える『大御心』の訳文も同じである。

ここまで説明すればおわかりだろうが、『大御心』と『たいせつなこと』の訳文は、「臣民は天皇に忠誠を尽くす」という、教育勅語が本来要求しているはずのことを、ことごとく削ぎ落とした意図的誤訳になっているのである。他にも「忠良ノ臣民」を「善良な（日本）国民」にすりかえたりしているし、『大御心』にいたっては、最初の「皇祖皇宗」（天皇の先祖。「皇祖」について、起草の中心人物である井上毅は神武天皇だと主張していたが(3)、その後は天照大神にまでさかのぼるとする説が優勢となり、一九四〇年には文部省で正式に天照大神説が決定されている(4)）を「私達の祖先」と訳した上、なんと、「爾《なんじ》祖先」にも「私達の祖先」という同じ訳を当てているのである。二人称の「爾」を一人称複数の「私達」にすりかえ、臣民の先祖と天皇の先祖を全く同じにしてしまっているのだ（二度目に出てくる「皇祖皇宗」は、「祖先」と曖昧な表現にされている）。この結果、文面だけでは明治天皇が臣民に伝えた言葉であることがわかりにくい、奇妙な訳文になってしまっている。他にも、「国憲」がさりげなく「秩序」にすりかえられているなど、多くの問題がある。

この『大御心』の訳文は、そのおかしな内容にもかかわらず、戦後の教育勅語受容史のうえでは重要な位置を占めている。戦後、教育勅語の再評価を目的として作られた口語訳は、確認できただけでも二〇種類以上にのぼるが、この訳文は、おそらくその中でも最も広く流布されてきた、そして、二

○一七年現在も流布が続いているものだからである。

「国民道徳協会訳」の登場

戦後、教育勅語を〝復権〟させようとする動きは、幾度となく繰り返されてきた。これについては大きく分けて二つの流れがある。一つは、勅語そのものを復権させようとする動きであり、もう一つは、勅語そのものの復権はさまざまな問題から困難であるとして、勅語の精神を取り入れた教育宣言や教育憲章のようなものを制定し、かつての勅語のように国民に広めよう、という動きである。どちらも、戦後教育改革、それも一九四七年の教育基本法に対して反発し、それを事実上否定しようとする動きである、という点では共通している。

後者については、一九四九年の吉田茂首相の「教育宣言」構想（私的諮問機関である文教審議会に諮ろうとするが、委員全員が反対したため立ち消え）、一九五一年の天野貞祐文相の「国民実践要領」（不評のため公式発表前に白紙撤回、文相退任後の五三年に個人的な著作として発表）、一九六六年の中央教育審議会答申「期待される人間像」（答申「後期中等教育の拡充整備について」の「別記」として発表、政府・自民党側で教育憲章化を主張する動きがあった）などが有名である。この後も、一九七八年に内藤誉三郎《たかさぶろう》文相が道徳教育基本法制定を主張したり（すぐに撤回）、一九八〇年代に当時の民社党が教育憲章の制定を政策として掲げたり、臨時教育審議会（一九八四―八七年）の設置に際して一部委員や自民党から教育憲章の制定が主張されたりしている。

一方、教育勅語そのものの〝復権〟を主張する動きも、「明治百年」となる一九六八年のころから本格化しはじめる。一方では、「紀元節」復活運動が一九六六年の祝日法改正による「建国記念の日」制定として結実し、ついで靖国神社法制定運動（一九六九―七四年）が展開され、その一方では学生運動が、一九六八―六九年をピークとして全国的に拡大する、という時期である。なお、一九六五年には海後宗臣『教育勅語成立史の研究』、ついで一九七一年には稲田正次『教育勅語成立過程の研究』が発表され、教育勅語研究史の大きなエポックとなっている。

一九六九年、神社本庁（日本最大の神社神道の組織。戦後の国家神道解体にともない、神社の受け皿として設立された宗教法人で、全国の宗教法人として登記されている神社約八万一〇〇〇社のうち、約七万九〇〇〇社が所属する）の外郭団体で、教職員を兼任する神職の団体である「全国教育関係神職協議会」（全神協）が、「教育勅語公的復効実現請願書」を首相・文相・衆参両院議長らに宛てて提出しており、また一九七〇年には「教育勅語復効国民運動」を展開してパンフレットなどを発行、衆議院に「教育勅語復活に関する陳情書」を提出している。(6) もっとも、これについては神社界の中からも「一旦国会の決議で排除せられたものを、神道人が先頭に立って提唱するのはどうであらうか。ことのよし悪しに拘らず現在今日の社会情勢――思想界、政界、言論界が簡単に之をうけ入れられるとは思はれない」、「本庁並に関係者各位は神道指令に捉はれて専ら復古調右傾化に終始し」ている、(7) と、その非現実性を批判する声もあった。

こうした中で、一九七三年九月八日付『朝日新聞』朝刊の東京版に、「教育勅語　口語で登場」と題する記事が掲載される。明治神宮で教育勅語とその口語訳が掲載されたパンフレットが無料配布されているが、その内容がおかしい、という投書が同紙に寄せられたのだ。このパンフレットに掲載されていたのが、先に触れた『大御心』に掲載された「国民道徳協会訳文」である。

じつは、この訳文は、佐々木盛雄（一九〇八―二〇〇一）という人物が作ったものである。佐々木は新聞記者等を経て衆議院議員（一九四七―五二、五三―五五、五八―六〇）、労働政務次官（一九五三―五四）、内閣官房副長官（一九六〇）を歴任、政界引退後は政治評論家として活動した。佐々木は一九七二年二月、自分が理事長をつとめる「国民道徳協会」から『甦える教育勅語　親と子の教養読本』という小冊子を自費出版し、その中で自作の口語訳を掲載した。参考文献も全く掲げられておらず、その中身にしても、教育基本法が「アメリカ教育使節団の勧告を、そのままに翻訳して作成したもの」（そんな事実はない）だとするような、いたっていいかげんな代物であったが、明治神宮ではこの書物に着目し、相原ツネオ『教育勅語漫画読本』（教育勅語漫画読本刊行会、一九七一年）とともに、読みやすい教育勅語読本として頒布しはじめたのである。

一九七二年六月、当時、明治神宮財務部長だった谷口寛《ゆたか》（一九一七―二〇〇四）が、教育勅語に関するパンフレットを配布することを発案し[8]、この際に佐々木盛雄による口語訳が、佐々木の許可を得て「国民道徳協会訳」として採用されることになった[9]。谷口は『朝日新聞』のインタビューに対して、「道徳の乱れた世の中です。親孝行や兄弟愛、夫婦の和をといた勅語を、この辺で思い出してほしかった。内容は軍国主義でも何でもない、人間が守らなければならない基本です。おおやけの学校などで配るというならともかく、神宮が配るのですから当然ではないでしょうか」と語っている[10]。『大御心』も、同時期に谷口が発案し発行したものである[11]。

神社本庁の「教育正常化運動」

一九七九年、神道界や保守派を中心とする政治運動によって、元号法の制定が実現した。これを機に神道界では、翌一九八〇年が教育勅語渙発九〇周年となるため、教育勅語の復権を目指したキャンペーンを展開することになる。ほぼ同時期に、自民党を中心とするグループが、教科書の内容が「偏向」しているとする攻撃を行っており、そうした一連の動きとも連動するものであった。

一九七九年五月二五日、神社本庁は、一九七九―八一年度の「三ヶ年継続強化活動方針」を発表し、その中で「教育正常化運動の方針」を決定した[12]。さらに九月二一日、その具体的な活動方針が定められ、その中に「教育勅語を奉戴し、国民道徳を昂める教育を推進すること」が掲げられた[13]。ちなみに「教育正常化」というのは、勤評闘争(一九五七―五八年)のころから使われだした言葉で、具体的には、戦後教育改革を否定し、日本教職員組合(日教組)をはじめとする左派勢力の影響を排除する、というぐらいの意味になる。

こうした動きを受け、神社本庁の外郭団体のひとつである全国敬神婦人連合会は、一九七九年一一月二六日付で、二九ページのパンフレット『教育勅語の平易な解釈』を発行した。この『平易な解釈』の内容は『大御心』の抜粋であり、その中には国民道徳協会訳も含まれていた。このパンフレットは当初一〇万部が発行されたが、その後二、三年の間に二二万部に達したという[14]。各地の神社でも『平易な解釈』の熱心な頒布が行われた[15]。

また、一九七九年五月には、保守系宗教者・文化人団体「日本を守る会」(一九七四年、臨済宗円覚寺派管長の朝比奈宗源らが中心となって設立、一九九七年「日本を守る国民会議」と合併して「日本会議」となる)

が、『たのしくまなぶ12のちかい〈教育勅語から〉』と題する絵本を発行している。これは、「日本を守る会」の事務総長で、明治神宮権宮司であった副島廣之(一九一三―二〇〇七)が、教育勅語渙発九〇周年を記念して企画・監修したもので、明治神宮広報課長の秋永勝彦が執筆し、専門家(斎藤梅)が絵を描いたものであった。この絵本は神社経営の幼稚園や私立幼稚園、七五三詣の児童を対象にして頒布されている[16]。そして、この絵本には、国民道徳協会訳を一部修正した「口語文訳」が掲載されていた。『12のちかい』という題名の通り、『大御心』の一二徳目説が採用されている。ストーリー性は全くないので、こども自身が楽しめるかどうかは疑問なところである。

ここで問題なのは、なぜ『大御心』所載の国民道徳協会訳が採用されたのか、ということである。すでに触れたように、明治神宮は一九七五年に『明治天皇のみことのり』を発行しており、これには村尾次郎による口語訳が収録されているのである。この本は、明治神宮が明治百年記念事業として編纂した『明治天皇詔勅謹解』(講談社、一九七三年)をもとに、重要な詔勅を選び出して、解説と口語訳をつけたものだった。明治神宮の頒布した訳文、というなら、こちらが採用されてもよさそうなものだが、そうはならなかったのだ。

一九七四年、当時の田中角栄首相(一九一八―九三)は、国会で、教育勅語について「復活することは考えておりません。しかし、その中には、多くの普遍的な人倫の大本を示した部分があることもまた事実でございます[17]」、「私は教育勅語を排除されたということと、復活を考えていないということでありますが、中にはいいところがあります。なぜか。「父母ニ孝ニ兄弟ニ友ニ」……(「夫婦相和シ」と呼ぶ者あり)「夫婦相和シ[略]進テ公益ヲ広メ」、これどれ一つとして現憲法の中で当然お互いが守っていかなければならないことじゃありませんか[18]」などと繰り返し発言した。このとき、神社本庁の準機関紙『神社新報』は、「田中首相あたりも、教育勅語にしばしば言及するが肝腎の皇運扶翼は言はない[19]」と批判している。ところが、その神社本庁が、その数年後には「肝腎の皇運扶翼は言はない」訳文を流布することになったのである。

ともかく、このような形で、全国各地の神社で教育勅語キャンペーンが行われ、その過程で「国民道徳協会訳」(あるいは、その派生訳)も、一見すると何か権威がありそうに見える団体による訳(先述したように、じつは教育史については素人同然の人物による個人訳)として、各地に流布していった。当然ながら、それは教育勅語に批判的な人々の目にもとまることになる。たとえば、一九八〇年九月一四日付の日本共産党の機関紙『赤旗』は、これが「巧妙な〝異訳〟」で、「「天皇」「忠君」といったことばを意識的にボカしているのが特徴」だと指摘している。教育学者の山住正己は「よくもまあ、これほど原文から大きくはずれた口語訳をつくりあげたものだと驚く。第二次大戦前であれば、こんな訳を公表したりすれば、不敬な行為として警察官や憲兵による取締りの対象となったのではないかと思えるほどである[20]」と評し、ジャーナリストの茶本繁正は「ていのいい、今日的よそおいをこらした〝すりかえ〟と〝まやかし〟である[21]」と評している[22]。もっとも、神社神道の側では、内容に対する批判は特になかったようである。

神社神道の側の意識としては、口語訳はあくまでキャンペーン目的のために方便として用いているものであって、本来はオリジナルの教育勅語を読んでほしい、というものであるらしい。神社本庁講師であった石井寿夫(一九一五—九一)は、一九八〇年の講演において、「教育勅語を戦後派に教えるのには、現代っ子にもなじみやすくわかりやすい表現で説きなおす工夫がいる」「現に、普及を志される方々は、しばしば「現代訳」をつけている[23]」と説いている。歴史学者の松浦玲は、批判的な立場から、国民道徳協会訳について、意図的誤訳を含んだ「現代語訳を隠れ蓑にして、もとの教育勅語が、全面的に正しいものとして保存されて」おり、「意識的に誤訳してあるので、いつでも元に戻せる」仕掛けになっている、と指摘している[24]。確かに、宣伝する立場としてはそれでよいのかもしれないが、受け取る側は果たしてどうなのだろうか、気にかかるところである。

二〇一七年現在でも国民道徳協会訳の流布は続けられており、明治神宮のウェブサイトに掲載されているのもこの訳文である[25]。いっぽう、近年では『たいせつなこと』訳の流布も行われており、明治神宮崇敬会のウェブサイト[26]や、明治神宮内で無料で配布されているパンフレットなどに載せられているほか、勅語渙発一二〇周年となった二〇一〇年には、神社本庁と密接に関係する政治団体である神道政治連盟が、『たいせつなこと』を下敷きにした『こころの豊かさを求めて——教育勅語のチカラ』なるパンフレットを作成、配布している。発行部数は三五万部という[27]。

教育勅語の国体論はレトリックか

田中角栄の発言にも典型的に見られるのだが、「封建的な関係の時代の文句を使ったり、形式を使つてあるから廃止されているのでありますけれども、しかし私はその内容においては、千古の真理を持つていると考えます[28]」(岡野清豪文相、一九五三年)、「勅語の形式、つまり天くだり式形式はとつておるけれども、その内容におきましては、わが民族の伝統の道徳精神を盛り込んであるものと思つておるのであります」[29]（大達茂雄文相、同年）といったように、教育勅語は形式が問題なので排除されたもので、その意味で単純な復活はできないが、内容、というより列挙されている徳目自体には問題はない、という主張は、戦後、さまざまな政治家などによって繰り返し主張されてきた。この場合、列挙された徳目の最後に「皇運扶翼」が記されている、という事実は、必ずと言っていいほど無視されることになる。あるいは、「皇運」とは「わが国家の運命」という意味だ（『大御心』）、と、一般的な愛国心にすりかえようとする。

一九七四年、社会学者の清水幾太郎（一九〇七―八八）は、「万世一系の皇室の神聖な伝統に基づく」とされる箇所は「修飾的、形式的なもの」で、重要なのは徳目を列挙した部分であり、「私たちがどんな徳目を挙げても、恐らく、それは既に教育勅語に含まれているでしょう」[30]と説いた（ところで、たとえば「改正」前教育基本法前文にある「個人の尊厳を重んじ、真理と平和を希求する」というのも立派な徳目だと思われるのだが、いったい教育勅語のどのあたりに当てはまるのだろうか？）。古くは和辻哲郎（一八八九―一九六〇）が『日本倫理思想史』（一九五二年）において、「勅語の本論のなかには、封建的な忠君思想は掲げられていない」「忠孝を国体の精華とする思想を掲げたのは、水戸学の残存勢力に押されたがためであろう」[31]と主張している。

戦前にこのような主張をしたとすれば、教育勅語を正面から否定せずに読み替えることで無効化しようとする戦略、というように評価できたかもしれない。逆にいえば、「不敬」という非難を浴びた可能性が高い。しかし、戦後におけるこのような主張は、教育勅語の形式を意図的に無視した擁護論でしかないだろう。

教育勅語は正しく、尊く、批判してはならず、礼拝されなければならないものとされた。それはもちろん、内容が真理だから、ではなく、天皇の言葉だったからである。そして、そうした国体論的要素を否定してしまえば、教育勅語は教育勅語でなくなってしまう。

そもそも、徳目のみが重要なのであれば、べつに教育勅語を持ち出す必要はないはずである。教育勅語を擁護する向きの中には、教育勅語を否定する、ということは親孝行や夫婦愛、その他もろもろを否定することになる、だから教育勅語の否定は間違いだ、と主張する向きが珍しくないが[32]、話は逆で、親孝行を説くのに教育勅語を利用する必要などないのである。

一九八四年八月二七日、自民党政調会長の藤尾正行(一九一七—二〇〇六)は、「戦後、国民の秩序は乱れてきており、教育勅語の教える道徳律を復活させて、精神の秩序をとりもどすべきだ」と訴えた[33]。このとき、『朝日新聞』の「天声人語」欄(辰濃和男担当)は、「教育勅語の道徳律を復活させるとは、具体的には何を意味するのだろう。「父母ニ孝ニ兄弟ニ友ニ」「朋友相信シ」などを学校でもっと教えよ、ということか」「そういう徳目は、もうとっくに教育の現場では復活している」と指摘している[34]。学習指導要領には、一九五八年に「道徳の時間」が発足した時点で、すでに「家族の人々を敬愛し、よい家庭を作りあげようとする」「互に信頼しあい、仲よく助けあう」といった内容が含まれていたからだ(教育勅語の「父母ニ孝ニ兄弟ニ友ニ」は、家族制度のもとでの年長者に対する一方的敬意を意味しているのだから、「家族の人々を敬愛し」とは違う——とでもいうのなら別だが)。じつのところ、教育憲章制定や教育勅語〝復活〟を主張する向きのなかには、学習指導要領すらも確認していないのではないか、と思われる例も少なくないのである。

藤尾発言は安易な教育勅語復権論、あるいは道徳教育強化論の典型といえる。社会道徳は乱れているから、学校で教育勅語(あるいは、それに類したもの)を教えれば道徳は回復する——本当に社会道徳は乱れているのか、乱れているとすればどの程度乱れており、その原因は何なのか、それは学校教育で解決できるものなのか、学校で道徳を教えるべきなのか、そもそも教えられるのか、教えられるとすれば何をどのような方法で教えたらよいのか、そうした問題がすべてすっとばされてしまっているのである。こうした、よくいえばわかりやすい、悪くいえば安直で考えの足りていないところが、教育勅語の擁護・復権・再評価を促すひとつの大きな要因になっていそうである。

おわりに

一九八〇年代の神社本庁を中心とする教育勅語キャンペーンが、何かの成果をもたらしたか、といえば、直接のはっきりとした成果は特になかったように思われる。ただし、戦後世代に教育勅語復権論を広めるにあたっては、いくばくかの役割を果たした、とはいえるのではないか。もちろん、たとえば一九六五年に奈良県橿原市で市長が成人式に教育勅語を配布したり[35]、島根県の私立高校・淞南高校で教育勅語に基づく教育が行われたりするなど[36]、戦後世代に対する教育勅語流布は一九六〇年代からさまざまな形で行われているのであるが。

一九七七年一〇月、作曲家で保守派の論客でもあった黛敏郎(一九二九—九七)が、自ら司会者をつとめるテレビ番組『題名のない音楽会』で「教育勅語のすすめ」なる番組を企画し、公開録画した。会場では暗唱できる人間をステージにあげて、うまく言えた人には賞品を贈る、という企画もなされ、小学六年生が暗唱するというヤラセ(その場で「ディレクターに習えと言われた」とバラすわけであるが)も行われたという。[37]この番組は抗議を受け、国会でも取り上げられそうになったため、テレビ局側の判断でお蔵入りとなったが、そのことが明らかになったとたん、今度は自民党などが言論弾圧だとして騒ぎだしている。[38]

この時期までは教育勅語を知っており、また再評価を主張するのは戦中世代、というのがあたりまえだった。しかし二一世紀に入ってからも、森喜朗(一九三七年生)、中山成彬(一九四三年生)、下村博文(一九五四年生)、稲田朋美(一九五九年生)といった戦後世代から教育勅語を〝再評価〟する主張がされており、戦後世代への流布は順調(?)に続けられているようである。二〇〇六年の教育基本法「改正」問題の際には、民主党(当時)の大畠章宏議員(一九四七年生)が、国会で、教育勅語の「現代訳」として、国民道徳協会訳をさらに改竄しためちゃくちゃな訳文——たとえば、「一旦緩急アレハ義勇公ニ奉シ」が「非常事態や社会生活に困難が生じたような場合には、真心をもって国や社会の平和と安全に奉仕することができるようにしたいものです」となっている——を配布し、「歴史的に、教育勅語というものの中身で何が悪かったのか、この検証がされていない」などと発言している。[39]

それにしても、国民道徳協会訳や『たいせつなこと』の、なんともデタラメでインチキな「訳」を見ると、こうした「訳」を作ったり流布させたりしている人々の学識や道義感覚はいったいどういうことになっているのだろう、と感じるのは、私だけではないと思うのだが。[40]

(1) 籠谷次郎『近代日本における教育と国家の思想』(阿吽社、一九九四年)四〇二頁。

（2）籠谷前掲書、一三八―一三九頁。
（3）山住正己〔校注〕『日本近代思想大系 6 教育の体系』（岩波書店、一九九〇年）四一二頁註。「井上毅批評全文」、大石貞質『教育勅語奉解』（図書出版、一八九二年。http://dl.ndl.go.jp/info:ndljp/pid/759268）所収、一―二頁。井上毅「答小橋某書」、井上毅伝記編纂委員会〔編〕『井上毅傳 史料篇第三』（國學院大學図書館、一九六九年）所収、六九一―六九二頁。
（4）文部省「聖訓ノ述義ニ関スル協議会報告」、佐藤秀夫〔編〕『続・現代史資料 9 教育 御真影と教育勅語 2』（みすず書房、一九九六年）所収、三五七頁。
（5）文化庁〔編〕『宗教年鑑 平成二八年版』（文化庁、二〇一七年）。http://www.bunka.go.jp/tokei_hakusho_shuppan/hakusho_nenjihokokusho/shukyo_nenkan/
（6）「渙発八十周年を機とし教育勅語復効の運動」『神社新報』一九六九年一二月一三日付二面など。
（7）鎌田正忠「最近神社界の問題につき一言」『神社新報』一九七〇年一二月七日付四面。
（8）「教育勅語 口語で登場」『朝日新聞』一九七三年九月八日付朝刊二二面・東京版。
（9）鎌田紀彦「今、甦える教育勅語」『大宮』第八九号（大宮八幡宮社務所、二〇一一年一月）二頁。http://www.ohmiya-hachimangu.or.jp/hachimangu/shahou
（10）前掲『朝日新聞』。
（11）谷口寛「一病息災」『神社新報』一九七六年一月五日付九面。
（12）酒井逸雄〔編〕『神社本廳三十五年誌』（神社本庁、一九八一年）一四三―一四五頁。
（13）前掲『神社本廳三十五年誌』一五九―一六一頁。
（14）『敬神婦人――五十年の歩み 全国敬神婦人連合会創立五十周年記念誌』（全国敬神婦人連合会、一九九八年）三七頁、六六頁。
（15）「昭和55年度 教化担当者研究会全体討議報告」『月刊若木』第三七五号（神社新報社、一九八一年三月）一二―一七頁。

(16) 副島廣之『私の歩んだ昭和史』(明治神宮崇敬会、一九八九年)二五五―二五八頁。
(17) 衆議院本会議、一九七四年三月二八日。
(18) 参議院決算委員会、一九七四年五月一五日。
(19) 無署名「教育論議を空騒ぎにするな」『神社新報』一九七四年五月二七日付。
(20) 山住正己「「再び教育勅語を」に抗して――情勢の底流にあるものはなにか」『文化評論』第二三六号(新日本出版社、一九八〇年一二月号)八七頁。
(21) 茶本繁正『ドキュメント 軍拡・改憲潮流』(五月社、一九八三年)二六四頁。
(22) このほか、批判としては以下のものなどがある。「教育勅語口語文訳のウソ」『国民文化』第二四七号(国民文化会議、一九八〇年六月)、伊ヶ崎暁生「教育勅語について――解説と資料」『季刊国民教育』第四七号(労働旬報社、一九八一年一月)、「教育勅語の口語文訳」『別冊季刊国民教育 四 教科書問題――今日の焦点とその歴史』(労働旬報社、一九八一年七月)、星野安三郎(監修)「資料で語る一九八〇年 組織化すむ改憲運動の実態――改憲・スパイ防止法・靖国神社・教育の動向」『労働法律旬報』第一〇一五・一〇一六合併号(労働旬報社、一九八一年一月)、上野清士『教科書物語――教科書はほんとうに君たちのものか』(新泉社、一九八二年)、「教育勅語の十二徳」『内外教育』第五〇五八号(時事通信社、一九九九年一一月二日号)、佐藤秀夫「教育基本法と「伝統」――教育基本法制定過程に関わる今日的論議への批判」(『教育学研究』第六八巻第四号、日本教育学会、二〇〇一年一二月。http://doi.org/10.11555/kyoiku1932.68.386、のち佐藤『教育の文化史 4 現代の視座』阿吽社、二〇〇五年、に再録)、丸浜昭「「教育勅語のなかにはよい内容もあった」?」(歴史教育者協議会(編)『すっきり! わかる 歴史認識の争点Q&A』大月書店、二〇一四年、所収)。
(23) 石井寿夫『教育勅語――その現代的意義』(あしかび社・事務局、一九九一年)六八頁。
(24) 松浦玲『君臣の義を廃して――続々日本人にとって天皇とは何であったか』(辺境社、二〇〇二年)六五頁、六八頁。

(25) http://www.meijijingu.or.jp/about/3-4.html
(26) http://sukeikai.meijijingu.or.jp/taisetsu/004.html
(27) 『神政連四十五年史』(神道政治連盟中央本部、二〇一五年)九四頁、一〇〇頁。
(28) 衆議院予算委員会、一九五三年二月九日。
(29) 衆議院文部委員会、一九五三年六月三〇日。
(30) 清水幾太郎「戦後の教育について」『中央公論』第八九年第一一号(中央公論社、一九七四年一一月。『清水幾太郎著作集 17 戦後を疑う・「新しい戦後」他』講談社、一九九三年、所収)。
(31) 和辻哲郎『日本倫理思想史　下』(『和辻哲郎全集　第十三巻』岩波書店、一九六二年、所収)四四三頁。
(32) 中には、すべての徳目を逆転させた「逆教育勅語」(論理学的にいえば裏・教育勅語)を作って、教育勅語否定論者が主張する道徳律はこんなものなのだ、と主張する向きすらある。古くは里見岸雄『教育勅語か革命民語か――教育勅語の問題を廻る対決』(錦正社、一九六五年)、近年では倉山満『逆にしたらよくわかる教育勅語――ほんとうは危険思想なんかじゃなかった』(ハート出版、二〇一四年)。もちろん、こうしたものはただのナンセンスな詭弁にすぎない。この理屈でいけば、たとえば「裏・モーセの十戒」を作って、「唯一神を信じない者は人殺しをする」などと主張することもできてしまう。
(33) 『朝日新聞』一九八四年八月二八日付朝刊。
(34) 『朝日新聞』一九八四年八月三〇日付朝刊。
(35) 「六百人に教育勅語配る」『朝日新聞』一九六五年一月一五日付夕刊七面。谷彌兵衛「橿原市の教育勅語闘争」『歴史地理教育』第一五三号(歴史教育者協議会、一九六九年三月)。
(36) 「淞南高校の〝教育勅語〟っ子」『週刊文春』第一〇巻第八号(文藝春秋、一九六八年二月二六日)。「新風土記(362)島根県⑥」『朝日新聞』一九七五年二月八日付夕刊三面。
(37) 豊住紘一「「教育勅語のすすめ」放映中止に黛敏郎氏大いに怒る!」『週刊読売』第三六巻第四八号(読売新聞社、一九七七年一一月一二日号)。

(38) 新井直之『新井直之のマスコミ日誌』(日本ジャーナリスト専門学院出版部、一九七八年)二六一—二六五頁など。

(39) 衆議院教育基本法に関する特別委員会、二〇〇六年六月二日。

(40) なお、国民道徳協会訳をはじめとする、本稿で扱ったさまざまな問題については、より詳しくは拙著『教育勅語の戦後』(白澤社、二〇一八年刊行予定)で取り上げて論じているので、興味があればそちらも参照されたい。

「おことば」と教育勅語

原　武史

二〇一六年八月八日午後三時、全国の家電量販店や繁華街のビルの前などでは、どこでもテレビや街頭ビジョンを見ようと人々が集まっていた。三時になると、NHK、民放を問わず、画面がいっせいに切り替わり、現天皇が一〇分あまりにわたって「象徴としてのお務めについての天皇陛下のおことば」を読み上げた。政府や国会を媒介とせず、天皇が一方的に国民に向かってかくも長き「おことば」を述べたのは初めてであった。

この「おことば」で現天皇は、「天皇」という言葉を二一回、「国民」という言葉を一一回用いている。日本国憲法で規定された天皇の地位は後景に退き、「君」と「民」の直接的な関係が前面に出てきたのである。

そもそも「おことば」というのは、明治から昭和初期にかけての「勅語」に相当する。言うまでもなく、本書の中心テーマである「教育ニ関スル勅語」(以下、教育勅語と表記)もその一つにほかならない。これは「君」である明治天皇が「民」である臣民に向かって述べた「おことば」に相当する。

そのなかには「一旦緩急アレハ義勇公ニ奉シ以テ天壌無窮ノ皇運ヲ扶翼《フヨク》スヘシ」というような、天皇が臣民に絶対的な忠誠を誓わせる命令文が含まれている。戦争のさいには自らの命を捧げることで

「天壌無窮ノ皇運」を支えなければならないとするこの一節が、小学校（国民学校）で教育勅語の暗唱を義務づけられた日中戦争や太平洋戦争の時期に大きな役割を果たしたことは否定できない。

しかし他方、教育勅語には「父母ニ孝ニ兄弟ニ友ニ」や「朋友相信シ」といったような儒教的な徳目を思わせる言葉も含まれている。しかも勅語の冒頭は、「朕惟《チンオモ》フニ我カ皇祖皇宗国ヲ肇《ハジ》ムルコト宏遠ニ徳ヲ樹《タ》ツルコト深厚ナリ」という一文で始まっている。「我カ皇祖皇宗」、すなわちアマテラスをはじめ、歴代の天皇が樹立してきた「徳」は深く厚いものだとするのである。これは仁義礼智といった「徳」を完璧に兼ね備えた一人の人間が「天」から「命」を与えられて天子となるとする儒教的な解釈に近く、個々の天皇の資質を問わず、血縁でずっとつながってきたがゆえに尊いとする「万世一系」イデオロギーとは異なっている。

ここで言う「徳」の中核には、五常の一つで普遍的な愛情を意味する「仁」がある。教育勅語は主として井上毅《こわし》が起草したものだが、勅語の冒頭には儒学者で明治天皇の侍読や侍講として漢学を教えた元田永孚《もとだながざね》の思想が反映しているように思われる。元田に言わせれば、アマテラス以来の「徳」を受け継ぐ天皇は、あたかも堯《ぎょう》や舜《しゅん》といった中国古代の聖人のごとく、臣民に対して別け隔てなく愛情を注ぐことのできる「仁」の主体となるべく努力しなければならないのである。

明治天皇は、六大巡幸と呼ばれる明治初期の巡幸で、北海道から九州までの全国各地を回った。その目的につき、元田は侍従長の徳大寺実則にあてた書簡のなかで、こう述べている。

民情風俗を感化するは、蓋《けだ》し形にあらずして心に在り、言にあらずして徳に在り、真に慎まざる可んや。(中略)万一陛下の心誠切ならざる所あり、陛下の規模公大ならざる所ある時は、則其一時精励する所の者、言語形貌の上に止まつて、民心を久遠に服すること能はず。(1)

巡幸の目的は、天皇の「言語形貌」によってではなく、「心」や「徳」によって、「民心を久遠に服する」ことにある。元田が理想とするこのような天皇像は、儒教経典に記された聖人に対する次のような解釈に基づいていた。

舜ノ天下人民ヲ治メマスルハ丁度《ちょうど》父母ノ子ヲ愛シ育テマスルヤウニゴザリマスル。故ニ子ノ望ミマスル所、子ノ言ハント欲シマスル所ニ、舜親《みず》カラ先立マシテ、四方ノ門ヲ開キ四方ノ耳目ヲ明ケマシテ、サア言へ、サア願へ、カヤウニ致シテ遣ハサフ、カウ致スガ宜シイト、引起シ〳〵致シマスルコトデ、中〳〵後世西洋ナドノヤウニ下《しも》ガチニ人民ノ驕《おご》リマスルヤウノコトハ、聊之《いささかこれ》ナキコトデゴザリマスル。(2)

これは元田が明治天皇に『書経』を進講した一節である。前述のように、舜は堯などとともに中国古代の聖人の一人として知られている。

元田は言う。聖人と人民の関係は、親と子の関係に似ている。人民が力ずくで主張したり要求したりする前に、聖人は人民が何を願い、何を欲しているかを巧みに見抜き、それに見合う政策を立ててゆくものである。

元田は聖人から人民へ、つまり上から下への一方的な関係だけを強調し、その逆は「下ガチニ人民ノ驕リマスルヤウノコト」として認めない。こうした解釈には、自由民権運動のような下からの動きを意識し、それに対抗して「仁」を中核とする君徳を養成しようとする政治的意図があったことがうかがえる。

したがって、君主が民に働きかけるよりも前に、民が君主に向かって直訴することも想定されていない。日本では、儒教が浸透していなかった江戸時代初期から、将軍への直訴は厳禁とされ、有名な佐倉宗吾の直訴などを除いてほとんど確認されていなかった。天皇への直訴は明治維新とともにいったん合法化されたものの、すぐに禁じられている。のちの話になるが、一九〇一(明治三四)年に田中正造が足尾銅山の鉱毒問題を明治天皇に直訴したときには、遺書を書いている。直訴をタブーとする近世以来の歴史が、元田の解釈にも反映しているのである。

しかし『孟子』梁恵王章句下には、次のような一節がある。

> 斉の宣王問いて曰く、湯・桀を放ち、武王・紂《ちゅう》を伐《う》てること、諸有りや。孟子対《こた》えて曰く、伝に於てこれ有り。曰く、臣にして其の君を弑《しい》す、可ならんや。曰く、仁を賊《そこの》う者之を賊と謂い、義を賊う者之を残と謂う、残賊の人は、之を一夫と謂う、一夫紂を誅せるを聞けるも、未だ(其の)君を弑せるを聞かざるなり。[3]

「君」が仁や義といった徳を失った場合には、もはや「君」ではなく、「一夫」にすぎなくなる。したがって「臣」による放伐が認められるわけである。これが儒教で言う易姓革命にほかならない。つまり元田の教えに反して、儒教経典は下から上への動きを認めている。朱子学を大成した朱熹もまた、厳しい条件をつけながらも放伐による革命を原理的に認めている。太祖元（一三九二）年の朝鮮王朝の建国は、この易姓革命によって正当化されたのである。

同じく『孟子』尽心章句下には、「孟子曰く、民を貴しとなし、社稷《しゃしょく》之に次ぎ、君を軽しとなす(4)」という一節がある。また『書経』五子之歌には、「民は惟れ邦の本なり。本固ければ邦寧《やす》し(5)」という一節もある。このような儒教の民本思想は、朝鮮王朝では建国当初から中国以上に重んじられた。初代国王である太祖《テジョ》の参謀となった鄭道伝《チョンドジョン》は、「蓋し君は国に依り、国は民に依る。民とは国の本にして、君の天なり(6)」と述べ、君主にとって民は「天」に等しい至高の存在だとしている。

ここから朝鮮では、日本とは対照的に、儒教の民本思想に基づき、民が国王に直訴することのできる制度が発達した。とりわけ一八世紀になると、国王が頻繁に王陵参拝などを目的とする地方行幸を行うようになるとともに、奴婢を含む一般民が王宮の門前や沿道などで、文書ないし口頭で国王に訴えることが合法化された(7)。ちなみに現在でも、韓国ではソウルの王宮前の広場が大統領に政治的要求を訴えるための政治空間と化し、その結果大統領が辞任に追い込まれることもあるが、背景には朝鮮王朝の時代に浸透した儒教の民本思想や革命思想があるように見える。

一方、明治政府は、西洋列強を意識しつつ、内閣制度や大日本帝国憲法、帝国議会などを次々に創設、発布し、天皇を憲法のもとに位置付けた。この点では確かに、天皇は（憲法学説的には天皇主権説と天皇機関説の対立を抱えつつも）近代的な立憲君主となった。しかし、元田永孚が抱いたような、「君」

と「民」の直接的な関係を前提とする儒教的な思想が完全に消え去ったわけではなかった。憲法発布の翌年に当たる一八九〇（明治二三）年に教育勅語が発布されたからである。帝国大学に進学した一部のエリートだけが大日本帝国憲法を学び、圧倒的多数の臣民は小学校などで教育勅語を学ぶ体制がここから始まる。哲学者の久野収《くのおさむ》が前者の天皇像を「密教」、後者の天皇像を「顕教」と呼んだことはよく知られていよう(8)。

しかし明治中期以降、実際に「仁」の主体となったのは、天皇よりもむしろ皇后や女性皇族の方であった。皇后や女性皇族は、戦争のさいには病院や療養所を慰問し、傷ついた兵士を励ましたばかりか、ハンセン病患者や結核患者など、社会的弱者に対する手厚い保護も行った。こうした皇后の役割には、奈良時代に悲田院や施薬院を創設した光明皇后のほか、同時代のヨーロッパ、とりわけドイツ帝国の皇后であり、プロイセン王国の王妃でもあったアウグスタからの影響がうかがえる(9)。

明治から昭和初期にかけて、天皇が公的な空間で肉声を発することはめったになかった。だからこそ、たまに発せられる勅語は尊いものとして受け取られた。一方、臣民は天皇に対して言語を媒介としない「奉仕」を積極的に行うことが求められた(10)。とりわけ一九二一（大正一〇）年に大正天皇が病気のため引退し、皇太子裕仁が摂政になって以降、この事実上の天皇が植民地を含む全国を回るとともに、各地に「君」と「民」が直接相対することのできる「君民一体」の空間（親閲場や奉迎場）が設けられ、万単位の臣民が君が代や奉迎歌の斉唱、万歳三唱、分列式などの「奉仕」を行うようになった。そして昭和になると、それまであまり使われていなかった東京の宮城（現・皇居）前広場が「君民一体」の「国体」を視覚化する最大の政治空間として浮上し、親閲式や記念式典、戦勝祝賀式などがしばし

ば開催されたのである。(11)

こうして明治中期以降の日本は、形式的には立憲君主制であり、内閣や議会などがありながら、実際には大正後期以降、「君民一体」の「国体」が全国各地でしばしば可視化された。しかし「民」は「君」に向かってひたすら「奉仕」することが求められたのであり、言語による直訴は認められなかった。前述した田中正造のほかにも、代替わり直後の昭和初期に一時的に女性や被差別部落民、在日朝鮮人などによる直訴がいくつか起こったことがあったものの、すべて失敗に終わっている。(12)

昭和初期には、政府により「国体」のイデオロギー化が図られた。内閣印刷局が一九三七年に発行した文部省編『国体の本義』では「畏《かしこ》くも天皇は、臣民を「おほみたから」とし、赤子と思召《おぼしめ》されて愛護し給ひ、その協翼に倚藉《いしゃ》して皇猷《こうゆう》を恢弘《かいこう》せんと思召されるのである(13)」と記され、一九四一年に文部省教学局が編集発行した『臣民の道』でも「天皇は皇祖皇宗の御心のまにまに、親の子を慈しむにもまして国民を慈しみ給ひ、国民は天皇を大御《おおみ》親《おや》と仰ぎ奉り、ひたすら随順のまことを致すのである(14)」と記されている。儒教的な用語は周到に避けられているとはいえ、ここにも臣民や国民に向かって一方的に愛情を注ぐ「仁」の主体と見なす天皇像が受け継がれている。

それは万単位の臣民を集めた親閲式で台座に乗り、無言のまま臣民に向かって挙手の礼をしたり、観兵式や戦勝祝賀式で白馬に乗って軍人を鼓舞したりすることで権威を強調するよりは、むしろ臣民の一人一人に寄り添い、温かい愛情を注ぐ「慈母」としての天皇像に近い。しかし実際、この時期に植民地を含む全国各地の病院や療養所を訪れ、傷ついた臣民を慰問したのは、皇后を中心とする女性の皇族や王公族であった。(15)

一九四五(昭和二〇)年八月一五日正午から、日本の内地はもとより、植民地や「満洲国」、そして占領地一帯に玉音放送が流れた。「終戦の詔書」を読み上げる昭和天皇の肉声が、ラジオを通して四分あまり流れたのである。この詔書は勅語と同じく、天皇の「おことば」に相当するものであったが、単なる文書ではなく、天皇が直接臣民に語りかけた点で画期的であった。この詔書が巨大な政治的影響力を及ぼしたことは、大した抵抗もないまま戦争がスムーズに終了したことからも明らかであろう。

近代天皇制によって確立され、玉音放送ではラジオの前に臣民が集まることを通して可視化された「君」と「民」の直接的な関係は、敗戦や憲法改正を中核とするGHQによる民主化によっても解体されなかった。それをよく示すのが、一九四六年二月から五四年八月まで続けられた昭和天皇の戦後巡幸である。

確かに一九四六年一一月に公布された日本国憲法によって、天皇の位置付けは大きく変わった。四七年三月には教育基本法が公布・施行され、四八年六月には教育勅語が廃止された。しかし戦後巡幸でも、戦前同様、全国各地に「君」と「民」が直接相対することのできる奉迎場が設けられ、万単位の国民が集まって自発的に万歳を叫んだ。天皇に直接戦争責任を問いただしたり、生活の苦しみを訴えたりする国民はほとんどいなかった。「君」と「民」の関係そのものは、いささかも変わらなかったのである。作家の坂口安吾は四八年に発表された「天皇陛下にささぐる言葉」のなかで、「天皇が現在の如き在り方で旅行されるということは、つまり、又、戦争へ近づきつつあるということ、日本がバカになりつつあるということ、狐憑《きつねつ》きの気違いになりつつあるということで、かくては、日本は救われぬ(16)」と批判している。

ただし戦前の巡幸や行幸と比べると、天皇の訪問先に変化が見られた。演習場や練兵場などの軍事施設を訪れる代わりに、全国の病院や療養所、戦災孤児などの社会事業施設を(多くは皇后を同伴することなく)積極的に訪れるようになったからである。天皇が軍服を着ることはもはやなく、背広服のまま全国を回った。これを天皇の皇后化と呼ぶこともできよう。皮肉にも教育勅語が廃止された戦後になって、天皇は逆に「仁」の主体を取り戻したという見方ができるかもしれない。

しかしながら、昭和天皇にはまだぎこちなさが残っていた。天皇は、万単位の国民が集まる奉迎場では戦前同様、台座に乗り、無言のまま帽子を振ったが、戦災孤児の施設で孤児に向かって声をかけることは慣れていなかった。そもそも天皇には、一人一人の具体的な人間に向かって語りかける言葉を持ち合わせていなかったのである。天皇を迎える国民の側にも、「現人神」とされた戦前の記憶が依然として残っていた。天皇から話しかけられなければ、自分から天皇に向かって話しかけようとはしなかった。自分から天皇に何かを訴えることは不敬と見なされたからである。

一方、皇太子明仁は、一九五九年四月に結婚した皇太子妃美智子とともに、昭和天皇とは違うスタイルをつくっていった。同年一〇月には、伊勢湾台風の被災地を訪問し、早くも被災者に声をかけている。このスタイルは、昭和から平成に元号が変わり、天皇になってからも続けられた。一九九一年に長崎県の雲仙普賢岳が噴火したときには、現天皇は現皇后とともに被災地を訪問したが、被災者が収容された島原市の体育館では初めてひざまずき、一人一人に声をかけた。これ以降、昭和天皇とは全く異なるこのスタイルが定着し、「平成流」と呼ばれるようになる。

現天皇は「象徴としてのお務めについての天皇陛下のおことば」のなかで、次のように述べている。

私はこれまで天皇の務めとして、何よりもまず国民の安寧と幸せを祈ることを大切に考えて来ましたが、同時に事にあたっては、時として人々の傍らに立ち、その声に耳を傾け、思いに寄り添うことも大切なことと考えて来ました。天皇が象徴であると共に、国民統合の象徴としての役割を果たすためには、天皇が国民に、天皇という象徴の立場への理解を求めると共に、天皇もまた、自らのありように深く心し、国民に対する理解を深め、常に国民と共にある自覚を自らの内に育てる必要を感じて来ました。(17)

ここで言う「国民の安寧と幸せを祈ること」は主に宮中祭祀を、「人々の傍らに立ち、その声に耳を傾け、思いに寄り添うこと」は行幸を指していると思われる。現天皇は、象徴天皇の務めとして、この二つを中核に位置付けたのである。天皇は「お濠《ほり》の内側」で国民の幸せを祈り、「お濠の外側」で国民の思いに寄り添う。両者は、天皇を「仁」の主体と見なす点で共通しているのである。教育勅語で見られた儒教的な思想がこれほどあらわになった時代は、おそらく初めてであろう。

この「おことば」で現天皇は、「常に国民と共にある自覚を自らの内に育てる必要を感じて来ました」と述べている。明治から昭和まで天皇と国民の間に存在してきた上下の落差は、ようやく完全に取り払われたように見えなくもない。しかし依然として、国民から天皇に向かって何かを訴えることに対しては、強いタブーが存在している。(18)「おことば」に先んじて、国民主権の立場から国民が象徴天皇について不断に議論し、現天皇は退位すべきだと公言することは不可能であったと言ってよい。

現天皇の「おことば」があったからこそ、圧倒的多数の国民はそれに従い、二〇一七年六月九日には「天皇の退位等に関する皇室典範特例法」が国会で可決成立したのである。

この年の三月三一日、内閣が教育勅語につき「憲法や教育基本法等に反しないような形」で教材として使用を認める閣議決定を行ったことは、まだ記憶に新しい。「おことば」と教育勅語の間には、明確なつながりがある。戦前や戦中の勅語や詔書と同じ政治的役割を、「おことば」は果たしているからである。現天皇の「お気持ち」を評価するあまり、この厳然たる事実から目をそらしてはならない。

(1) 元田永孚「明治九年五月　徳大寺実則宛書簡」(『近代日本史料選書14　元田永孚関係文書』、山川出版社、一九八五年所収)一八四―一八五頁。

(2) 元田永孚「『書経』進講」(『日本近代思想大系2　天皇と華族』、岩波書店、一九八八年所収)一三七頁。

(3) 『孟子』上(小林勝人訳注、岩波文庫、一九六八年)九〇頁。

(4) 同下(同、同、一九七二年)三九七頁。

(5) 『新釈漢文大系第26巻　書経』下(明治書院、一九八五年)三八二頁。

(6) 鄭道伝「朝鮮経国典」上賦典版籍(『韓国史料叢書第十三　三峯集　全』、ソウル・国史編纂委員会、一九六一年所収)二二四頁。原漢文。

(7) 原武史『直訴と王権——朝鮮・日本の「一君万民」思想史』(朝日新聞社、一九九六年)および韓相権『朝鮮後期社会と訴冤制度　上言・撃錚研究』(ソウル・一潮閣、一九九六年。原文韓国語)を参照。

(8) 久野収「日本の超国家主義——昭和維新の思想」(久野収、鶴見俊輔『現代日本の思想——その五つの渦』、岩波新書、一九五六年所収)一三二頁。

（9）片野真佐子『皇后の近代』（講談社選書メチエ、二〇〇三年）六二―六四頁。

（10）この「奉仕」については原武史『日本政治思想史』（放送大学教育振興会、二〇一七年）三九―四二頁を参照。

（11）原武史『完本　皇居前広場』（文春学藝ライブラリー、二〇一四年）八〇―一二〇頁を参照。

（12）昭和初期の直訴の実態については、原武史『可視化された帝国――近代日本の行幸啓』増補版（みすず書房、二〇一一年）三三七頁および『昭和天皇実録』第四（東京書籍、二〇一五年）、同第五（同、二〇一六年）を参照。

（13）文部省編『国体の本義』（内閣印刷局、一九三七年）二九頁。

（14）文部省教学局編『臣民の道』（文部省教学局、一九四一年）三九頁。

（15）原武史『皇后考』（講談社、二〇一五年）四五二―四七九頁および四八六―四八八頁。

（16）坂口安吾「天皇陛下にささぐる言葉」（『坂口安吾全集』15、ちくま文庫、一九九一年所収）二九四頁。

（17）宮内庁ホームページ。http://www.kunaicho.go.jp/page/okotoba/detail/12

（18）たとえば、二〇一三年一〇月三一日に赤坂御苑で開かれた秋の園遊会で、参議院議員の山本太郎が原発事故の問題につき天皇に直訴したことに対して、『週刊文春』は「手紙テロ」という見出しを掲げて報じた。天皇はおそれ多い存在であり、天皇に直訴することは暗殺を企てることに等しいとする感覚が、依然として根強く残っていることが証明されたわけである。

「教育勅語」と『育児の百科』

——明治的支配へのアンチテーゼとして——

井戸まさえ

「臣民」と「市民」

戦後、「家制度」の解体に呼応するように、焼け野原から再生された都市とその郊外には次々団地が建設され、「夫婦と子ども」という核家族世帯が一気に増えていく。「モーレツ社員」である夫は朝早く出かけ、夜遅くに帰る生活。母親となった妻たちは頼るべき夫の不在や、子育て経験者の助けもなくおろおろしながら「母乳が出ない」「子どものからだじゅうに赤いブツブツが」「泣いて眠らぬ」等々、たった一人で自らだけでは答えを出せない問いと向き合わなければならなかった。

そんな孤独な母親たちを支えたのが『育児の百科』(岩波書店、一九六七年)だ。著者は小児科医で、ロシア革命等の研究者としても活躍していた松田道雄。一九〇八年に生まれ、二〇世紀をまるまる生きて一九九八年に没した。

硬派の岩波書店としては「婦人向けの実用書を出すことは賭けであったようだ」と松田自身が語っているように、二段組み八〇〇頁の分厚い育児本は、当初、それほど売れるとも考えられていなかった。いや、むしろまったく売れないのではないかと危惧されてもいた。が、松田と編集者の賭けは見事に当たった。初版以降二〇年、毎年二回の増刷を重ね、一六〇万部を越える記録的ヒットとなった。

松田は「母乳が出ない」と悩む母には「あわてることはない」、また「便が出ない」との心配には「子どもを育てているのであって、便を育てているのではない」と本質を見誤らないことを諭す。

松田が答えているのは、身体の異変や不調だけではない。『育児の百科』の前身となった『育児日記』(文藝春秋社、一九五七年)では、他の子より早く字が読め、数字が数えられるわが子に「うちの子は天才か」と心はやる親には、「人間の弱点として、どの親も自分の子が天才であってくれたらと思う」と、その願望には理解を示しながら「要求するならむずかしい本を与えなさい。真の天才ならそれをこなすでしょう」と、少々の皮肉をまぶしながら具体的に対処を指示。その上で、「難しい本を読みこなしたことは、どこまでも家庭の私事であって、他人に吹聴してはなりません。ひとりの天才を作ろうとして、何百人のいじけた人間を作り出している今の社会の状況は、親の、虚栄と不注意とに源を発している」と、子どもに集中した親の目を社会に向けさせ、その無自覚な行動が社会への加害につながる可能性をも警告するのである。

『育児の百科』は、月齢を基準として、細やかな病気や子どもの変化に伴う親の疑問や不安に対していねいに答えている。こうして、暮らしの中で育児を見聞きできなくなった親たちの指針となり、かれらは朝に夕に頁をめくり、「もう少し大きくなるとこうなるのか」「二、三カ月前がなつかしい」と、時に予習復習さえできた。子どもの未来を想像しながら、過去の難題を乗り越えてきた経験を振り返りながら、親としての自信を持つことができたのだ。

さて、そんな『育児の百科』と「教育勅語」は一体どんな関係があるのだろうかと、『育児の百科』の愛読者でさえも疑問に思うだろう。

「服従」と「自由」、「臣民」と「市民」。

ロシアの革命を信じ、政治的実践を重ねても負け続けた松田の挫折、そして、それでもなおの希望こそが、「明治的支配」のもとで行なわれた人づくり、国づくりの基礎であった「教育勅語」へのアンチテーゼとしての『育児の百科』として結実したのである。

井上毅と松田道雄

先に述べたように、松田道雄は「育児」や「教育」に関わる多くの著作を残した一方で、ロシアの革命や明治維新についての研究者でもあった。特に維新後の明治政府の成り立ちや社会制度の構築に関して優れた論説をいくつも残している。

松田は明治維新を、二〇世紀に世界で起こる革命のモデルとして考えていた。遅れてスタートした国が急速な工業化を起こし、進んだ国に追いつくためには、国民の全エネルギーを集中しなければならない。維新をロシア革命と比較する中で、松田は教育勅語こそその装置であり、仕掛人は松田曰く「明治の日本がもった最高の頭脳」井上毅であることに確信を抱く。

一般的に知られている井上毅は、憲法と教育勅語の草案に関わり、晩年に一年半文部大臣を務めた人物でしかない。

だが松田は「明治六年から二六年までの重要な法案の全てが、彼によって意見書として発案され、法文として校訂されているのを知るだろう。（中略）かれは単なる法制の番人であったのではない。むしろ彼こそ明治国家の設計者であり、演出者であり、歴史教科書に出てくる大臣たちは、彼のシナリオを演じた俳優に過ぎない」とまで言い切っているのである。これについては、法学者の長尾龍一や倫理学者の八木公生も同様の見解を示しているものの、かれらは歴史の玄人でなければこういう評価はできないと、自負も込めて語っている。

もちろん松田は教育勅語の内容には激しい反撥を抱いている。しかし自らが心酔したロシアの革命は思いを遂げるに至らず変容する一方で、「明治的支配」が「挙国一致」を実現可能ならしめた理由とは何なのか。第二次世界大戦の敗戦と、さらには憲法や民法改正で否定され、根絶されたかに見えたにもかかわらず、今も人々の意識の中で「明治的支配」が根深く生き続けていることへの疑問は、松田をその研究に向かわせた。

思考を突き詰めた結果、松田は、井上が教育勅語を使って社会の隅々までに周到に仕組んだ手練手管、すなわち「儀式」と「習俗」により「忠臣愛国」を埋め込まれた農村の姿にその真髄を見る。農民は教育勅語の語義は解しないであろうが、天皇を家父長制の頂点と仰ぎ、その御真影に最敬礼し、君が代を歌い、国旗を掲げ、祭や宴会を遂行するといった一つひとつの行為や事象が村の中での〝習俗〟となって、「忠臣愛国」は徹底されていくのである。

そして、それは松田が日々診察室で、または全国の母親たちから届く相談の手紙の中に見る、家制度が制度上崩れても家族に縛られ、子どもの育児、教育の責任を一身に負わされ出口を見失う母親、また、逆に親から子へと伝えられてきた育児の知恵が戦後の分断により得られなくなって孤立する母親、かれらを生み出してきた戦後の日本社会の原風景と重なる部分があったのである。

「日本人」を生む「つくりごと」

明治政府の成功の源は、天皇を「家父長」に仕立て、それまでの日本の社会にそもそも根付いていた身内意識を全国にひろげていったことだと松田は指摘している。

西欧の強国の植民地にされてしまわないためには、それまで「国」という概念を持っていなかった日本に住むすべての人間が一本にまとまって、政府の思うように動くよう誘導しなければならない。徳川時代のようにそれぞれの藩の「殿様」に仕えるのではなく、日本という国の「国民」になるのだ。

明治政府は「日本人」としての国民意識を覚醒させる求心力を天皇に求めた。

天皇という家父長を崇拝するようにするには、天皇は「現人神」であると教えるだけでなく「信じさせる」必要がある。「信仰」は理屈ではない。荘厳な儀式を通じて、少しの疑いをも持たぬようにコントロールしなければならない。

そのためには「教育」。最も早く、低コストで、広く伝播できる。井上毅はそこに目をつけたのである。

そもそも「神武創業」の建国神話に正統性を持たせることが、明治国家の出発点でもあった。

武士たちを培った学問は倫理学であり、藩主への反逆、幕府への反逆は許されることではなかったが、より高次の「君」が存在するとすれば、脱籍というけじめを示すことでかれらは正当化され、倫理的にも非難されず造反者は革命英雄であり得たからである。

井上毅が天才的だったのは、尊王にこの「建国神話」を付加価値として加えたことだった。あたかも皇統が連綿と続いてきたかのような、疑うところなどまったくないような錯覚を国民の中に植えつけたことである。

実は、井上は横井小楠との対談「沼山対話」を行なった弱冠二〇歳の時点では、尊王についてはそこまでこだわりがなかった。しかし、西欧使節団での渡欧経験等を経て、フランスの法制度を規範とする江藤新平とは決別。その後、憲法制定にも関わる中で、天皇を神として崇拝すること、またそれを信仰に近づけるために、天皇崇拝は「建国以来の伝統」であると言い切り、それによって挙国一致を実現していくのである。

この「建国神話」という「つくりごと」を井上自身が真に信じていたかはわからない。いや、実は古来からの伝統ではないことを賢い井上なら理解しないはずはない。しかしそれでも井上はファンタジーを作り上げ、国民の中に滲透させるために、学校教育、ジャーナリズム、儀式、叙勲、天皇の全国巡幸等、ありとあらゆる方法をとった。そして教育勅語をさまざまな儀式として昇華させることが、全国の農村の隅々まで、そして国民の心の奥底まで「つくりごと」を滲透させるためには効果があると誰よりも知っていたと言えよう。

だからこそ、井上は文部大臣として、一月一日、紀元節、天長節に小学生が勅語奉読を、頭をたれて聞き、「君が代」を歌う儀式を決めたのであろう。

教育勅語はたった三一五文字のきわめて短い文章である。しかしそれは、「つくりごと」を徹底させる、つまり国家にとって効率よく国民を「臣民化」させる装置として完璧なものだったのである。

戦後も残る「明治的支配」

戦後、日本人の生活は大きく変わった。新憲法のもと、教育勅語も否定され、家族のあり方や人生の選択肢は戦前に比べれば豊かに、自由になった。

加えて、テレビ、電気洗濯機が次々家庭の中に入ってきて、日常の生活は格段に便利になった。

しかし、当初から松田は戦後の改革にともなう変化を「大異変」「第二の維新」と表現して危惧していた。そして、その大異変について「新幹線が走ったりするのは目にみえること」だが、「簡単に目にみえない異変」で「五十年も六十年もかけてみないとよくわからない異変」であるという。それらは既に起こっているが、多くは自分には関係ないと思っている。しかし誰もがいずれ巻き込まれる大きな異変なのだ、と。

それは何か。

「道徳」である。

松田が危惧した大異変とは、まさに教育勅語なきあとのポスト「勅語」、国民の心の奥に染み入っている「道徳」の変化だった。

明治維新は「孝」第一でやっていた江戸庶民の家庭に「忠」を入れ、「孝」より「忠」を優先させる変革を行なった。庶民を動員して、兵役にも、鉱山労働にも喜んで出向くように仕向けなければならない。親より尊い天皇陛下のご命令を第一に承る自分はなんと幸運なのだと思わせなければならない。「忠臣愛国」は「家制度」の徹底によって貫徹されてきた。

松田は、「敗戦までの日本は、家制度によってがんじがらめにされてきた」と言われることに対して、「それは「家」の重さではなく「孝」の上に「忠」を積上げた国家の重さだった」と書き残している。

そして戦後、「孝」の上に載せられた「忠」ばかりでなく、「忠孝」両方を否定したが故に、子育てで伝承すべき知恵までもが消えてしまったことを、接する母親や子どもたちの姿から知るのである。生きる上での重石はなくなり、軽くなったかに見えて、むしろだからこそそこに再び「忠」だけが戻ってくることを予感していたのだ。

実際、明治的支配は敗戦を機に終息したかに見えた。しかしそれはあくまで見た目には、であり、根絶には至らなかった。それどころか戦後七〇年が経過し、井上毅が日本の隅々に行き渡らせた「挙国一致」を求めた国民感情は、排外主義やヘイトスピーチ他に変容しながら静かに復活し、松田が指摘したように、五〇年後、六〇年後に侮れない勢力となっている。

明治はずっと遠くなっているにもかかわらず、人々の意識は井上が残した設計図通りの明治的支配の内にあるようにさえ思える。たった三一五文字の教育勅語に残された国家主義の言説に心を振るわせてしまうところに、日本人の弱点、政治意識の低さ、民主主義の未熟さをみた松田は、自身を小児科医としてだけでなく、著述の世界へと向かわせていく。

楽しく行なわれている地域行事、祭や卒業式等の儀式についても、時に体制や組織の結束や強化のために利用され、画一主義を助長する可能性があることを説いた。儀式とは裏返すと、人間の基本的人権を侵害し、個人の自由の足かせになると松田は考えていたのだ。

権力の構造、雇用や労働環境、家庭、芸術や文化の享受まで、私たちの生活が無意識にせよ明治的支配の下にあるうちは、日本の真の近代化など望むべくもない。

そもそも教育勅語は人類愛、差別解消、貧民救済といったものを与えてくれるのだろうか。貧しい、虐げられた、不幸な人々の運命を変えるために勅語を皆で唱和することで、効果を出したのだろうか。そうではないとわかっていても、なぜそこに皆吸い寄せられるのであろうか。

そこには、いまだ日常の中に家父長制の名残を含んだ「支配する者」と「される者」の序列があることを松田は指摘する。

また、かつて一度も自由だったことがなく、その喜びを知らない人間が大多数であるとき、支配者は情報の操作を簡単に行なえる。人権など考えることもない。たとえ、情報の操作をやっても抵抗すら感じず、むしろそれが快適とすら思う。教育勅語と明治的支配のもとで行なわれた数々の儀式は、たとえば統一した色と形の服を着せ、整列の隊形をつくり、遥拝と宣戦の詔勅の奉読を行なうことで、国家に都合のよい情報のみを流し込むパイプを完成させていたとも言えるだろう。

そういうことに国民が喜んで参加したのも、国民は小さい時から儀式にならされていったからである。儀式にならされて来たものは儀式を苦痛と思わない。情報操作の網にすくわれ、やすやすと全体主義体制に巻き込まれる。「全体主義体制のリバイバルを防ごうとするなら、子供に自由の楽しみを十分にしらせておかなければならない」のだ。

「自由」を「習俗」に

では松田の考える「道徳」とはどういうものだったのか。

松田は「『教育勅語』で『夫婦相和シ』は、教えたけれども、『一夫一婦を守れとは教えなかった』」とし、「教育勅語が求める道徳」とは何かを問うている。

そして「道徳というものは、もともと『連帯』のためのものである」とし、「フライデーが上陸してくるまでのロビンソン・クルーソーには道徳はありえない」と、わかりやすい例を挙げて伝えている。

夫婦や家族においてもそれは同じなのだ。

「人間が誰しも持っている連帯感の基礎には、家庭のなかでつくられる寛容、自己犠牲、信頼をかぞえることができる。どんな連帯をくむにしても、それを長続きさせるためには、これらがなくてはならない。寛容と自己犠牲と信頼があるからこそ、かならずしも裕福でなくとも、家庭という集団の連帯は永続する」

戦前の家族では、この連帯が親子という上下の秩序の中で、往々にして下の者の自己犠牲によって支えられていた。

一方で、「本当に仲のよい家庭では、秩序を越えて連帯がつよくはたらいていた」とも指摘する。

松田は「戦後の家庭は小家族になって平等の夫と妻の集団になった。ここでこそ、ほんとうに連帯が組める。その意味で道徳の根源は家庭にある」と戦後の家庭に大いに期待している。

ところが、だ。それは期待通りとはいかなかった。核家族化は「道徳」の欠如と、それゆえの危うさを抱えることになったのだ。

こうした中で松田は『育児の百科』を出版した。

発刊から二〇年が経った一九八七年、松田道雄は「『育児の百科』二十年」という小論でそのときの思いを吐露している。

「この本はどうしてもかかねばならなかった」

冒頭のこの一文に思いがこもる。

松田の診療所は保険診療をしなかったし、著書の読者が訪ねてくるので、治療の前提である医者と患者の相互信頼という観点からは、ある意味楽な状態での診察だった。

だが、松田の思いは、目の前の患者だけでなく、診療所には通ってくることはできないが、全国に散らばる患者へと向かう。そして、もう一方で、松田の考えに反する人々に対しても、思いをはせている。

たとえば日本国憲法について。「どう考えたところで、新しい憲法のほうが人間の本性にかなっていると思われるのだが、実際は、まだまだ明治憲法にホームシックを感じているひと」。「それが理屈でないというところが問題」なのだとしながら、「新しい憲法を改めてできるだけ明治憲法に戻そうとする人たち」に対しても「大部分が、現在の世相の腐敗をなげく、勤勉にして善良な国民なのである」と一切の偏見を排して見ている。「かれらにとっては自由が苦痛なのだ。勅語で示された国民道徳がなくなった現在、何にたよって身をおさめ、子どもをしつけたらいいのかわからない」「日の丸の旗が空にあがるのを見たり、「君が代」が遠くで「斉唱」されるのを聞くと、もうこたえられない。

日本人を支えるのはあれだとおもってしまう」のは、それが「快なる実感」だからである。そして、それは「永もちする」のだ、とも述べる。

しかし、「新憲法を守る運動は、そういう気持ちでいる人に新憲法をわかってもらうようにすることだ」と松田は説く。そのためには幼児期から儀式にがんじがらめになった育児、教育を改め、「自由」を経験させる。それを「習俗」にまでしていかなければ、本当の自立は得られない。

だからこそ「育児の百科」。どんな人の疑問や心配にも寄り添える「なんでもかいてある辞典のような育児書」を「どうしてもかかなければならなかった」のだ。

下からの革命

『育児の百科』を読むと、妙な安心感と説得力を感じる。それが、松田が天性の文章家ということはもとより、実は「語尾」に特徴があるのだ。

「言い切り・断定型」である。

それは松田が否定した「明治的支配」つまりは「家父長的な物言い」である。中身は至極民主的となっているのに、これはいかに。

しかし実はその言い切りにこそ、松田道雄が井上に学び、意図的に使った手法なのだと、井上について言及している文章を読むとよく理解できる。

『育児日記』刊行当時の一九五七年、第一子出産平均年齢は二五・四二歳、『育児の百科』刊行当時の一九六七年は二五・八七歳である。制度上は家制度が解体したとはいえ、自分自身が生まれたのも戦前から戦中であり、意識の上ではまだ解放されていない若い母親たちは、「家父長的な物言い」をする松田だからこそ信頼した。どんな時でも、また叱咤であったとしても最終的には自分自身を肯定してくれる権威であり、身内でもある、まさに親のような存在として松田の言葉を受け入れたのである。

この「語尾」にこそ、松田道雄と読者の母親たちの圧倒的信頼関係が構築されるもとであり、『育児の百科』が「最も売れた本」と言われるだけではなく「最も読まれた本」「読み込まれた本」と言われた理由があるのだ。

加えていえば「読まれた」だけでなく、「ともに作った」本でもあった。

「二〇年の間に読者からの手紙で何百カ所を訂正した。国中に、このごろは海外にも校正者がいてくれるわけである」と、松田はこの本が、患者にとっての権威である医者の松田ひとりで紡いだものではないと、あちこちで感謝の意をまじえて言及している。

つまりこの本は、読者と、当時は出版社ですら珍しかった、家庭を持ち子どもを産み育てながら働き続ける岩波書店の女性編集者たちとの共同作業の上に成り立っていた。

『育児の百科』は「勅語」ではない。天皇から与えられるものではないのだ。『育児の百科』を支えたのは、多くの母親たち、まさに「民衆」だった。松田が目指した「下からの革命」の発露の一つであり、一人ひとりの民主主義を体現した「新しい日本の象徴」だったのだ。

道徳とは連帯のためのもの

『育児の百科』が出版されて五〇年、そして松田が自分の転換点にもなったというソ連・レニングラードへの視察から六〇年目の二〇一七年七月、私は、ロシアへその足跡を辿る旅に出た。

パブロフ第一医科大学、血液学・輸血学研究所、そして、松田が「小児研究所」と呼んだ、サンクトペテルブルク国立小児科医科総合大学（旧名レニングラード小児科医科単科大学）。松田が特に感銘を受け、帰国後の活動、そして『育児の百科』に「集団保育」の項を入れるきっかけとなった併設の保育所は既にないが、その他のほとんどの建物は当時のまま残り、時が動いた気配はない。松田の訪問は国立小児科医科総合大学の記録にも残っていた。

半月にわたる滞在中、松田は学会の発表の他、保育施設や教育施設の視察に明け暮れた。保育所で育つ子どもたちのいきいきとしたさまは、儀式や整列で縛る日本の風景とはまったく違っていた。どんなに幼くとも、子どもには友だちが必要だ。他者と関わることで得られる喜びが必要なのだ。

松田の言葉を再度引用しよう。

「道徳というものは、もともと「連帯」のためのものである」

富国強兵、挙国一致、忠臣愛国。そんなものは「道徳」でも「連帯」でもない。

松田が予測したように、いまだに明治的支配は終焉していないばかりか、その傾向は強まっている。だからこそ、教育勅語のアンチテーゼとして書かれた『育児の百科』の意味と重みを、今こそ再確認しなければならないのだ。

政治と財界が目指す「明治」的なるものの形

斎藤貴男

一　国を挙げての明治礼賛

「産業革命遺産」の推進と吉田松陰の〝復活〟

第一八九回国会における安倍晋三首相の施政方針演説が、筆者には忘れられない。二〇一五年二月一二日のことだった。彼は前年暮れの総選挙で自民・公明の連立与党が圧勝し、自らも総理大臣の地位に留まることになったのは、かねて「この道しかない」と訴えてきた「日本を取り戻す」政治が国民に支持され、さらに進めよと負託してくれた証左だとの旨を述べた後、次のように続けていた。

「私たちは、日本の将来をしっかりと見定めながら、ひるむことなく、改革を進めなければならない。逃れることはできません。明治国家の礎を築いた岩倉具視《いわくらともみ》は、近代化が進んだ欧米列強の姿を目の当たりにした後、このように述べています。

「日本は小さい国かもしれないが、国民みんなが心を一つにして、国力を盛んにするならば、世界で活躍する国になることも決して困難ではない」

明治の日本人に出来て、今の日本人に出来ない訳はありません。今こそ、国民とともに、この道を、前に向かって、再び歩み出す時です。皆さん、〝戦後以来の大改革〟に、力強く踏み出そうではありませんか」

違和感が募った。〝維新一〇傑〟の一人とされる岩倉具視の評価は人それぞれだろうが、いずれにしても、今、なぜ「明治」なのだろう?

明治政府が進めた富国強兵・殖産興業政策はこの国に近代化をもたらしたが、一方では大日本帝国の形成を促し、後の植民地支配やアジア・太平洋戦争を招いたのではなかったか。明治期の足尾鉱毒をはじめ、戦後も水俣病やイタイイタイ病など住民を不幸のどん底に突き落とす公害を次々に発生させた源流も、そこに求めざるを得ない。少なくとも、二一世紀の指導者が手放しで讃えてよい時代ではなかったはずである。

だが、安倍の明治礼賛は止まない。やはり二〇一五年の七月には、ユネスコ(国連教育科学文化機関)の世界文化遺産に「明治日本の産業革命遺産」が登録された。鹿児島の旧集成館(島津斉彬が推進した大砲鋳造、紡績など日本最初の洋式産業工場群跡)をはじめ、長崎の高島炭鉱や端島炭鉱(軍艦島)、長崎造船所、福岡の三池炭鉱、八幡製鉄所、岩手の釜石製鉄所など、九州・山口県を中心とする全国二三施設が対象とされている。

登録に至る経緯が興味深かった。政府は当初、文化審議会(文部科学相および文化庁長官の諮問機関)が挙げた「長崎の教会群とキリスト教関連施設」を推薦候補としていたのだが、途中で内閣官房の推す「産業革命遺産」に切り替わり、あのような結果となった。

対象二三施設には、しかも萩城や萩の城下町、さらには幕末の兵学者・吉田松陰(一八三〇―五九)

が主宰し、後の明治の元勲らを多く輩出した私塾「松下村塾」までが含まれた。いずれも産業遺産とは言い難いので萩市の担当者に尋ねてみると、こんな答えが返ってきた。

「尊王攘夷もありますが、松陰は海外の事情にも通じており、工学教育の重要性を説いていました。産業化の考え方の基礎を作った点が評価されたということです。城下町については、そのすべてではなく、萩の産業化は藩主の考えで進められたので城跡と、その下で実務に当たった武士たちが暮らしていた地域に限っています」(1)（阿武《あんの》宏・歴史まちづくり部世界文化遺産課長）

言うまでもなく吉田松陰は、大日本帝国のシンボルに擬せられた人物だ。明治改元を見る前に早逝したゆえか、後世の人々に絶えず都合のよい偶像に仕立て上げられ、戦時中は修身の教科書で忠君愛国の鑑とされた。

確かに松陰には、アジア・太平洋への軍事的膨張を叫んだ時期があった。その点ばかりをことさらに取り出して、たとえば一九四二（昭和一七）年に刊行された福本義亮『吉田松陰　大陸・南進論』（誠文堂新光社）は、こう書いていた。

いまや日本は世界の歴史を一転せしめんとしてゐる。即ち日本は正しく大陸に進出して、鮮、満、支一環となつて新東亜の新建設に乗り出してゐる。更に仏印（引用者注・仏領インドシナ）・泰（同・タイ）とも和親同盟を結んで、遠くは南洋に進出し、更に太平洋を横断して、米の太平洋、英蘭の南洋を一手に収め、大東亜共栄圏の建設に、まつしぐらに心魂力を捧げてゐる。（中略）松陰先生は、この世界の皇道仁義化といふ肇国精神の第一歩の植ゑ付け場所を、曰く、大陸・

南進に求めてゐられたのである。そしてこれを日本人の聖血に求め、これを我が民族の雄略史に求めてゐられる。茲《ここ》に松陰先生の真個日本的な雄渾なる大志があり、深遠なる哲理があり、崇高なる理想があり、千古不易の国策がある。

まだアジアでは主権国家の境界も画定されていなかった時代の話だ。人間・松陰を、これだけの材料で判断するわけにはいかない。はっきりしていることは、この種の松陰像が描かれる際に必ず引かれる『幽囚録』は、彼がまだ二三、四歳の若き日に、しかも下田に停泊していたマシュー・ペリー司令長官率いる米国海軍東インド艦隊の軍艦に密航を企てて放り出されて捕われ、屈辱と憤怒の獄中で書いた作であったという事実である。

ともあれ元・大日本帝国のシンボルは、再び表舞台に祭り上げられた。折しもＮＨＫが松陰の妹・文を主人公とする大河ドラマ『花燃ゆ』を放映していた二〇一五年。単なる偶然ではなかったように思えてならないのは、ひとり筆者だけだろうか。

同様の疑念は、この年下半期のＮＨＫ朝の連続テレビ小説『あさが来た』にも言える。朝ドラ初の〝時代劇〟として好評を博した作品の主人公は、まさに富国強兵・殖産興業の時代を駆け抜けた女性実業家だ。報道によれば、制作発表の席でチーフプロデューサーが、安倍政権の掛け声さながら「女性の活躍が期待される今」云々と語る一幕もあったというが、主人公のモデルは三井財閥一族の娘・広岡浅子であり、彼女を支え続けたことになっている五代友厚は、英国の武器商人トマス・グラバーと通じた政商に他ならなかった。

「坂の上の雲」ブームから「明治改元一五〇年」へ向けて

安倍政権の下で、だけではない。ＮＨＫは二〇〇九年から一一年にかけても、通常の大河ドラマとは桁違いの制作費を投入して、三部一三話から成る〝スペシャル大河〟『坂の上の雲』を放送した。国民作家と呼ばれた司馬遼太郎の代表作。日露戦争を縦軸に、四国松山出身の三人の男――陸軍大将・秋山好古、海軍中将・秋山真之の秋山兄弟と俳人・正岡子規の人生を中心に、いわば国家の成長物語が描かれていく。〈まことに小さな国が、開化期をむかえようとしている〉とした書き出しに、〝明るい明治〟と〝暗い昭和〟を断絶させて捉える、いわゆる司馬史観が凝縮されていると、しばしば指摘されてきた。

司馬自身は映像化に慎重な姿勢を崩さなかったというが、彼の死（一九九六年）後、司馬遼太郎記念財団とみどり夫人が許諾した。かくて放映されたドラマの初回のタイトルは「少年の国」だった。

映像化はいきなり実現したものではなかった。作品の舞台である松山市は一九九九年に中村時広市長（現・愛媛県知事）が登場して以来、作品のイメージを基本理念とする「『坂の上の雲』まちづくり」を推進してきている。二〇〇三年一月のドラマ制作発表までには市と司馬遼太郎記念財団との基本協定締結や、内閣府の「全国都市再生に関する首長・有識者懇談会」における中村市長と小泉純一郎首相（当時）との意見交換などが行われた経緯があり、翌〇四年一月には小泉首相自らが松山市のまちづくり事業関連施設の視察もしている。

憲法改正を党是とする自民党が結党五〇年を迎えて初めて、具体的な条文案をまとめた「新憲法草案」を発表したのは、翌二〇〇五年一〇月のことだった。前年六月にはドラマの脚本を担当していた野沢尚が自殺しているのだが、スペシャル大河『坂の上の雲』の企画は続行された。「新憲法草案」は、やがて一二年四月、保守色をより前面に打ち出した「憲法改正草案」へと修正され、今日に至っている。

筆者はこうした流れについても取材したことがある。松山市の担当部長は「あくまでも地方分権の中で、特色あるまちづくりをしたいだけ」と強調していたが、地元でこの問題を追及している愛媛大学の矢野達雄教授（当時。現・広島修道大学教授＝日本法制史）は、「これは改憲に向けて国民の思想を総動員するための一種の国策だと思う」と語った。(2)

『坂の上の雲』は、かねて企業経営者が愛読する〝バイブル〟のような小説だと言われてきた。ビジネス誌『プレジデント』編集部が一九九六年、全上場企業のトップを対象に「好きな司馬作品」を三つ挙げさせるアンケート調査でも、二位の『竜馬がゆく』に大差をつけるナンバーワン。この作品に対する彼らのコメントは、どれも驚くほど似通っていた。調査結果を所収した同編集部編『経営者八〇人が選ぶ「わが一冊」』（プレジデント社、二〇〇八年）によると——

「一昔前が舞台となっているが、明治の時代の将来への展望、理念を力強く表現している。これに比し現代の政治指導者は何を思うか」（日本セメント・北岡徹会長）

「未曽有の国家的危機に、政官民一体となって当たる日本の姿を描き、ナショナリズムの本質を教えてくれる。（中略）また、海外駐在のビジネスマンが読めば感動すること間違いなし」（永谷

園・永谷博社長）

「「坂の上の雲」まちづくり」を牽引した当時の松山市長の中村も、三菱商事出身の元商社マンだった。彼らのそうした思いを小泉元首相は汲み取り、現在の安倍首相は、それ以上の情熱で、〝明るい明治〟を称揚したがっているように見える。

安倍は野党時代、つまり前記の自民党「憲法改正草案」がまとめられた前後に、一般財団法人「産業遺産国民会議」の加藤康子専務理事に、こう漏らしていたという。

「君がやろうとしていることは『坂の上の雲』だな。これは、俺がやらせてあげる」（『週刊新潮』二〇一五年五月二一日号）

加藤六月・元農水相（故人）の長女で、安倍の幼なじみでもある康子は、件《くだん》の「明治日本の産業革命遺産」の世界遺産登録に尽力した中心人物だった。最終局面では内閣官房の参与に任命されている。

〝明るい明治〟、あるいは日露戦争当時を指して「少年の国」と位置づける自己イメージが語られる時、犠牲者たちの痛みが意識されることはない。戦場にされ、日本による植民地支配をもたらされた朝鮮半島や旧満州（現在の中国東北部）の人々、動員されて戦闘を強いられた国内の庶民たち……。

司馬遼太郎の本質はどうあれ、『坂の上の雲』がその陥穽を免れていなかったのは、まぎれもない事実だ。誰よりも本人が、もともとは娯楽作品であるゆえの身勝手さと、戦争の美化に使われかねない惧れを承知していたからこそ、生前は映像化を許さなかったのではないのか。

「明治日本の産業革命遺産」ときたら、対象二三施設のうち七施設で、特に第二次世界大戦中、多くの朝鮮人が徴用されて過酷な労働を強いられた過去がある。強制労働の事実そのものを認めていない日本政府は、しかもユネスコへは「幕末の一八五〇年代から一九一〇（明治四三）年までに急速な発展を遂げた重工業の産業遺産」という括りのストーリーで推薦したのだから、「考慮する必要がない」とする主張を重ね、最終的にはそれが通った形になったが、後味の悪さばかりが残ったことは否めない。

安倍は戦没者の追悼式や二〇一五年八月の「戦後七〇年談話」など、先の戦争について述べる機会のすべてで、日本の加害責任に口をつぐんできた。何もなかったことにしたがった。一七年七月に国連で採択された核兵器禁止条約にも米国やＮＡＴＯ諸国などとともに参加を拒否し、広島や長崎の被爆者団体からの署名要求にはゼロ回答を続けた。富国強兵・殖産興業の時代の称揚さらには広く国民各層への浸透を図った演出と考え合わせると、彼らの目指す国家像が浮き彫りになってくる。

来年二〇一八年は明治改元から満一五〇年に当たる。政府の「明治１５０年関連施策各府省庁連絡会議」（議長・内閣官房副長官）は一七年七月、「「明治日本の産業革命遺産」を核とした産業遺産に関する理解促進」（内閣府）や「「明治１５０年」を冠した全国警察柔道・剣道選手権大会」（警察庁）など、国だけで一五〇近く、都道府県や市町村、民間団体への支援も合わせれば三〇〇を超える関連施策を実行する方針を確認した。翌八月にはその一環で、一八年秋に予定されている福井国体に「明治１５０年記念」の冠称を付けることを、同県の実行委員会が決定した。

そう言えば、『坂の上の雲』も、初出は「明治一〇〇年」記念を銘打って、『産経新聞』夕刊に連載されたものだった。政府は今回、明治期の国造りに題を採った映画やテレビ番組の制作に対する支援まで検討しているとも聞く。国を挙げての祝賀ムードは、これに乗じるマスメディアにも巨額の利益をもたらすに違いない。

二　現代版「明治」の形とは

グローバルビジネスの展開と憲法改正

読者はすでにお気づきだろう。今日における教育勅語の復権機運は、およそ以上のような状況の下で導かれている。「戦前」をさらに遡り、明治の富国強兵・殖産興業の時代の再現を夢見る勢力にとっては、人心の統一が不可欠であり、とすれば当然、あるべき生き方マニュアルが必要だ、というロジックなのだろう。

背景にはネットの隆盛もある。多様な言論空間のようでいて、その実、世論を常に声の大きなほう、非論理的で感情的なほう、とどのつまりは勝ち馬に乗れそうなほうへと誘《いざな》いがちな特性が、確かに人心の荒廃が目に余る現代社会にあっては、教育勅語の追い風になり得るからだ。

戦後あれほど忌み嫌われた教育勅語を再び持ち出してまで、政府が実現させたい二一世紀版「明治」とは、ではどのような姿をしているのか。正体を見極めよう。

筆者の取材と検討によれば、それは一九世紀の「明治」ほどには明瞭でない。実際、支配層にとっては、安倍首相が繰り返してきた「この道しかない」という意識が強いとも思われる。

安倍政権の経済政策「アベノミクス」の柱のひとつに、なぜかあまり報じられない重要な柱があった。「インフラシステム輸出」がそれである。

インフラストラクチュア（社会資本）の整備が遅れがちな新興成長国群に対して、計画的な都市建設や鉄道、道路、電力網、通信網、ダム、水道などのインフラを、それぞれコンサルティングの段階から設計、施工、資材の調達、完成後の運営・メンテナンスまで「官民一体」の「オールジャパン体制」（大量の公表資料で強調されている形容）で受注し、手がけていく。民主党政権下では「パッケージ型インフラ海外展開」と称されていた国策を、第二次安倍政権がリニューアルしたものだ。

インフラシステム輸出の中核には原発の輸出が位置づけられている。福島第一原発事故にもかかわらず、だから安倍首相や民主党政権時代の菅直人首相のトップセールスに批判的な報道がなされる場面もあるにはあったが、原発輸出はそれだけでは完結しない。インフラシステム輸出の一環である実態が忘れられてはならないのだ。

安倍政権はしかも、民主党時代にはなかった独自の要素を組み入れた。「資源権益の獲得」および「在外邦人の安全」である。

前者は、相手国に地下資源が豊富なら、それらを有利な条件で回してもらおうというわけだ。よほど友好的な関係を築けてこそのインフラシステム輸出なのだから、なるほど可能性は小さくないのかもしれない。

ただし、「資源の呪い」という言葉もあるように、豊富な地下資源には紛争リスクが付きものである。丸腰の日本人労働者やビジネスマンは、時にテロの標的にされかねない。国策のために働く彼らを守るのに、日本の国ができることは何か。それが後者だ。

象徴的な事件が発生したのは、第二次安倍政権が誕生して間もない頃だった。二〇一三年一月、アルジェリアの天然ガス精製プラントが武装グループに襲撃され、外国人労働者ら約四〇人(うち一〇人がエンジニアリング会社「日揮」に雇用された日本人)が殺害されている。安倍は直ちに自民・公明の両党にプロジェクトチーム設置を指示し、中谷元衆議院議員(後に防衛相)が座長に就いた。

チームの議論はあのような場合の自衛隊の行動に収斂した。緊急時に在外邦人を救助するための陸上輸送を可能にした同年一一月の自衛隊法改正は、彼らの報告書に基づいていた。

いずれ現地に赴く隊員らの武器携帯の是非をめぐる論争に発展するのは必定だ。筆者が報告書の公表を受けて取材した中谷との一問一答を再録したい(3)。

――自衛隊法の改正はインフラの海外展開が国策になっていることとの関係で捉えて構いませんか。

「そうですね。カントリーリスク対策の一環ということで。先進各国は、特にアメリカでは企業が海外で自由にビジネスをやる、何かあれば軍隊が飛んできて安全を確保してくれます。フランスだって武装したガードマンが常に配置されている。それが国際社会なんです。これまでの日本はそんなこともできなかった。イラクやインド洋に自衛隊が派遣された時みたいにその都度、特措法を作らなくちゃいけない」

――この種のリスクは必然的に高まってくる、と。

「科学技術立国の日本は、世界のトップランナーです。企業はどんどん外に出掛けて行って貢献すべきでしょう。われわれは政府として、その人たちをどう支援するのかを考える。日揮にもヒアリングしましたが、勉強になったのは、現地の危険情報や退去勧告を、日本は早く出し過ぎると言うんだね。それで現場を放棄している間に、中国や韓国に大きな仕事をかなり取られてしまってきたと。人命の尊重は当然ですが、国際社会では命を懸けて、覚悟をしながら企業活動をしている国々があるんだという現実から目を背けてはならないと思う」

——最後は憲法の問題になりますか。与党内でも公明党は改憲に慎重だと聞いています。

「こういう話はいつも憲法の壁にぶつかるんです。（後略）」

グローバルビジネスと国家安全保障の議論が、いつの間にか一体になっていた。次のような公開情報もある。企業経営者が個人の資格で参加する財界団体「経済同友会」が二〇一三年四月にまとめた提言「「実行可能」な安全保障の再構築」だ。やがて集団的自衛権の行使容認が一気に浮上することになる少し前のタイミングで公表されたものである。

それによれば、〈国民経済の基盤を世界各国との通商に求める日本にとって〉、問題になるのは〈憲法や「専守防衛」など独自の安全保障概念による制約〉だと断じ、〈現在のわが国にとって「自衛」とは何を意味するのか〉を〈明確に定義すべきである〉と強調されている。この際、守られなければならない〈国益〉には三通りの考え方があるとして、それぞれの定義を列挙していた。

① 狭義の「国益」（領土、国民の安全・財産、経済基盤、独立国としての尊厳）

② 広義の「国益」（在外における資産、人の安全）

③　日本の繁栄と安定の基盤を為す地域と国際社会の秩序（民主主義、人権の尊重、法治、自由主義、ルールに則った自由貿易）

いずれの定義を採用するべきだとまでは書かれていない。だが前後の文脈から判断して、経済同友会が少なくとも②、おそらくは③の解釈に立っていると類推することは容易だ。③が採られた場合、グローバルビジネスの価値観に従わない存在は日本の「自衛」の対象だということになってしまう。「専守防衛」といえば①だと思い込んできたに違いない一般のイメージとは差がありすぎる。

まさかそこまで、と思われるだろうか。だが財界が同じ趣旨の発想を公にしたのは、これが初めてではない。一九七〇年代末のイラン革命で、イラン政府と三井グループが合弁でペルシャ湾岸のバンダルシャプール（現・バンダルホメイニ）に建設していた世界最大級のコンビナート「イラン日本石油化学（IJPC＝Iran-Japan Petrochemical）」が危機にさらされ、三井グループが巨額の損失の計上を余儀なくされた当時から、一部のタカ派財界人の間でくすぶっていた情念が、二〇〇〇年代に入り、9・11同時多発テロや、これを受けた形で叫ばれた〝対テロ戦争〟のさ中に噴き出した。

二〇〇三年にやはり経済同友会、〇四年には日本経済調査協議会（経団連、日本商工会議所、経済同友会、日本貿易会の協賛で設立された調査研究機関）が、それぞれ憲法改正に向けた提言を行った。安倍首相が読売新聞のインタビューで、東京オリンピックのある二〇二〇年までの改正憲法施行を目指す意向を明らかにした一七年五月には、ついに〝財界総本山〟の日本経団連までが、そのための委員会を発足させるに至った。同年内に取りまとめる方針だという。

日経調の提言が、安倍首相と昵懇の財界人が集まる「四季の会」の中心とされるJR東海の葛西敬之の名前を冠した「葛西委員会」によって報告されていた事実も、改めて記憶されておかなければならない。また、この時の同友会の提言をまとめた「憲法問題調査会」の高坂節三委員長（当時＝元伊藤忠商事常務）には、筆者自身が取材している。彼はＩＪＰＣのエピソードも交えながら、こう語っていた。(4)

「たとえばペルーの人質事件（筆者注・一九九六年一二月に首都リマの日本大使公邸がトゥパク・アマル革命運動の戦闘員らに占拠され、天皇誕生日を祝うパーティーに出席していた四〇〇人以上を人質として獄中の同志らの解放や経済政策の変更などが要求された事件。翌九七年四月、軍と警察の特殊部隊による強行突入で終結した。占拠グループ一四人は全員殺害、人質一人と兵士二人が死亡した）。最後まで人命第一主義で通そうとした日本政府は、誘拐を奨励するのかと世界中の批判を浴びましたよね。実際、フジモリ大統領は、交渉の努力をしますと言いながら、陰では（突入のための）トンネルを掘っていたわけです。

人質を取られたのがアメリカだったら、ずいぶん手荒いですよ。航空母艦で沖まで行って、飛行機を飛ばすぞ、とやるのではないか。そんなふうだから攻撃されるんだという意見もあるけれども、我々にしてみたら、国の姿勢がはっきりしているというか。

マニラで三井物産の支店長が誘拐されたり、住友商事の支店長が殺されたりもしました。日本のプレゼンスが高まる、金持ちになるというのは、そういうことなんです。でも危ないからといって手を引いてたら商売は続かない。油も売ってくれなくなります。

アメリカの企業だと、海外駐在はリスクも伴うがリターンも大きいよと知らせた上で、行く行かないを本人に選択させる。GM(ゼネラル・モーターズ)のコロンビア法人の社長などは、いくら危険でもお手伝いさんが使え、手当もいいからここがいいと言って、その代わりいつも機関銃を持った護衛をつけて、防弾車で走り回っていました。日本の場合は『悪いようにせんから、ちょっと危ないかもしれんけど駐在してくれ』。で、何か起こると『もう早く帰ってこい』と、こういうスタイルなんですね(笑)」

現代版「富国強兵・殖産興業」が求める国民の〝生き方〟

近年の財界の動きには、長い助走期間があったことがわかる。彼らの発想は米国をはじめ、英国、フランスなど第二次大戦の戦勝国が、戦後も採り続けてきた姿勢とあまり変わらない。では、少なくとも表立っては軍事と経済を直結させずにきた戦後の日本が、ここへ来て大胆な方向転換を実行に移すことになった引き金はと言えば、それは明白だ。

少子高齢化である。国立社会保障・人口問題研究所の推計によれば、二〇六五年の日本の人口は現在より三割減の八八〇八万人となり、一人の高齢者を一・三人の現役世代(一五—六四歳)で支えなければならない計算になるという(二〇一五年は二・三人。一九六五年は一〇・八人だった)。すでに若い夫婦の子育てが大変だなどというレベルでさえなく、結婚の以前に生活そのものが困難になっている時代。そこで導かれたのが、「インフラシステム輸出」の国策だった。

もっとも、社会保障面での対応は、あくまでも副次的だ。政財官界の直接の関心は、一にも二にも巨大企業の利益にある。労働人口が減れば内需の縮小は必定。それでも成長を求める巨大企業は外需の開拓に道を求めるが、民間の動きに任せるだけでは国内に還元されにくい。ならば「官民一体」の「オールジャパン体制」で、世界中のインフラ市場を攻略していけば――。

そうするためには、しかし、軍事力の後ろ盾が欲しくなる必然。だが何のことはない、これでは帝国主義ではないか。

少子高齢化である以上、もちろん大日本帝国時代の日本のような、〝過剰人口のはけ口〟などとする海外侵略の正当化はあり得ない。過剰資本のはけ口としての外需、という帝国主義の実態が剝き出しの形で、ただし自由貿易の名の下に植民地経営のリスクは背負わず、非公式《インフォーマル》な市場支配だけを追求する。戦後七〇年以上が経過し、この間に手に入れた東西冷戦の〝戦勝国〟としての立場に〝見合った〟振る舞いをしたくなった日本、と考えるとわかりやすいかもしれない。

ちなみに「インフォーマル帝国主義」というのは、主に米国の経済構造に対して、一九六〇年代以来、しばしば与えられてきた国際関係論の用語だ[5]。安倍首相がかねて多用してきた「普遍的な価値観を共有しているわが国と米国」などとする形容とも符合する。

ここにおいて、新自由主義《ネオリベラリズム》と新保守主義《ネオコンサバティブ》は補完し合い、融合するのである。富国強兵・殖産興業の関係とも、ほぼ相似形をなしているのではなかろうか。

二一世紀の現代日本で、明治一〇〇年の当時よりも声高に明治が称揚され、教育勅語の復権までが企てられた、これが最大の原動力だと、筆者は理解している。アングロサクソンを敵視せず、むしろ帝国主義の先達として畏れ、敬いながら、彼らの下で自らを規定していこうとする姿勢も、戦前戦中ではなく、明治に近い。

富国強兵・殖産興業の再現には人心統一への要求が伴うと、先に述べた。教育現場における君が代・日の丸の強要が二〇〇〇年代になって本格化したのは周知の通りである。財界でも、愛国心の涵養を明記した教育基本法改正が強行採決された直後の二〇〇七年一月、日本経団連が打ち上げた「希望の国、日本——ビジョン2007」(通称「御手洗《みたらい》ビジョン」=当時の御手洗冨士夫会長の名から)に「教育再生、公徳心の涵養」という項目を挙げて、〈教育現場のみならず、官公庁や企業、スポーツイベントなど、社会のさまざまな場面で日常的に国旗を掲げ、国歌を斉唱し、これを尊重する心を確立する〉ことを目標に掲げていた。

はたして、以前は開幕戦や日本シリーズのような大舞台に限られていた試合開始前の日の丸掲揚・君が代斉唱が、近年ではほとんどすべてのカードで行われるようにもなってきた。

現行憲法はその第九九条で、天皇や国務大臣、国会議員、裁判官その他の公務員に憲法擁護義務を課している。権力の制限規範としての憲法、という近代立憲主義の精神を明文化した条文と言ってよいが、現政権の考え方は違う。前出の自民党「日本国憲法改正草案」が第一〇二条に新設したいとしている条文案は、公務員より先に、一般国民にこそ制限規範を課すことになっている。

第百二条　全て国民は、この憲法を尊重しなければならない。

2　国会議員、国務大臣、裁判官その他の公務員は、この憲法を擁護する義務を負う。

「国民の生き方マニュアル」としての憲法、という認識が伝わってくる。すでに特定秘密保護法や共謀罪など、第二次安倍政権で強行採決が相次いでいる新法の数々は、この自民党草案に基づいて制定されているとさえ言えるのではないか。教育勅語の復権は、この文脈でも捉えられよう。主権在民は風前の灯なのである。

三　統制と排除が進む時代のゆくえ

監視社会と排除の連鎖

新自由主義と新保守主義が融合した時代に、ともすれば資本と政府が一体化したものが上から「国民の生き方」を指図してくるような社会では、これも必然的に、「排除」が常態化する。新自由主義が拡大させる一方の階層間格差は、それだけで持てる者と持たざる者の分断をもたらし、前者は後者の叛乱を強く恐れるようになる。(6) 新自由主義はあらかじめ有利な者をより有利にする、きわめて恣意的なイデオロギーであるだけに、その自覚がある富裕層はなおさらだ。

新保守主義は、ここに戦争とか国家といった要素を巻き込んだ。強権が求めるマニュアルに従順でない者は村八分にされていく。

日本でも一九九〇年代後半から一気に進んだ監視社会化は、まさにこの潮流によって導かれたものである。ここ数年の盗聴法（通信傍受）の拡大や特定秘密保護法、共謀罪の制定などでようやく一般に伝わってもきたものの、今さら気づいても遅い。

街という街に監視カメラ網が張り巡らされ、GPS機能を搭載した携帯電話やスマートフォンの事実上の携帯義務を強いられて、一挙手一投足が〝マイナンバー〟という名のスティグマ(奴隷の刻印)番号によって追跡され、管理される時代がやってきてしまっている。この上IoT(Internet of Things=モノのインターネット)が普及し、あらゆる生活用品が結ばれて、それぞれの利用状況があちこちに送信され始めでもしたら——。

個人の自由という概念そのものが——おそらくは消費の分野におけるそれのみを残して——この世の中から失われていくだろう。考えたくもないことだが、これが現実である。未来においても顔認証システムやIC内蔵のマイクロチップ、AI(人工知能)、遺伝子工学等々の飛躍的発達が、排除の連鎖をさらに深刻化していく危険を筆者は強く感じてもいるけれど、論じ始めれば本書の趣旨を著しく逸脱してしまいかねないので、これ以上は触れない。

排除の眼差しは、持たざる者や体制に服従しない者だけに向けられるのではない。排除された者の多くは別の、自らよりも弱い立場の者を排除し、内心のバランスを保とうとしがちである。それをまたネット社会が増幅して、この国には差別的な言説が溢れることになった。

ターゲットにされやすい集団は無数に存在する。ことさらに列挙はしないが、現時点で最も酷いのは朝鮮・韓国人に対する差別ではないか。この領域では二〇〇〇年代の半ばからヘイトスピーチを繰り返している「在特会」(在日特権を許さない市民の会)が有名で、差別が顕在化した当初は政治体制の異なる北朝鮮と韓国を区別するなどして、イデオロギー批判にも見えるような装いも凝らされていたが、近年はすべての朝鮮民族に牙を剝く人々が目立つ。

近代化の過程で形成された朝鮮人差別の風土が、安倍政権の明治礼賛とこれを称揚する政策によって甦らされたと見ることもできよう。私たちの社会は、敗戦後のいわゆる戦後民主主義の時代にあってさえ、ついに一度も本質的な反省機運を迎えることがなかった報いを、今になって受けているかのようである。新自由主義に基づく一連の構造改革が、すなわち日本社会の米国社会への同化と同義であるかのごときプロセスを辿り続ける中、日を重ねるごとに募らせられる欧米コンプレックスと、これと表裏一体の関係にある近隣諸国民への蔑視は、なるほど大日本帝国当時の再現だ。

たとえば大阪市中央区、大阪城天守閣の南側には、高さ三〇メートルの「教育塔」がそびえ立っている。戦前の帝国教育会（教職員の職能組織）が、殉職者たちを慰霊する施設として建立した。戦後は日本教職員組合（日教組）に継承され、現在も例年一〇月、現場での事故や過労で亡くなった教職員を弔う「教育祭」が催されているのだが、気になるのは塔右側側面に彫り込まれたレリーフだ。

国民総動員体制時代の、学校長が生徒の前で教育勅語を奉読している様子が残されたままでいる。筆者が参加した二〇〇五年の教育祭でも、首相や文科相、全国知事会会長、全国都道府県教育委員会連合会会長などの代理が次々に読み上げた追悼の言葉に、靖国神社の参拝を連想させる神道用語「御《み》霊《たま》」が連発されていて、「あの日教組が」と、強い違和感を覚えた。当時の書記次長にも話を聞いてみたが、「ここ数年は特に討議したこともなく、日教組として十分な論議ができていないのも確かです」とのことだった。(7)「あなたの取材を機会に改善を試みたい」とも彼は話していたが、その後、格別な変化は確認できていない。

政治・行政が排除と差別を後押し

一事が万事である。政治や行政があからさまな差別で動かされる場面さえ珍しくなくなった。直近の例だけを挙げても――。

東京都の小池百合子知事は二〇一七年九月一日、都立横網町公園（墨田区）で営まれた「関東大震災朝鮮人犠牲者追悼式」に恒例の追悼文を寄せなかった。式は震災の混乱の中で自警団など日本人民衆によって虐殺された数千人の在日朝鮮人を悼むものである。諸説があって犠牲者の人数が確定されていないとはいえ、虐殺の事実は動かない。しかも警察当局の煽動がその契機になっていたらしい形跡が色濃く、差別的な言動を絶やすことがなかった石原慎太郎・元都知事も拒否できなかった慣例を、小池知事はいとも簡単に破ったのだった。

理由は、「都慰霊協会の春と秋の追悼行事ですべての（震災）犠牲者に追悼の意を表している」（八月二五日の定例記者会見で）からだと言う。地元墨田区の山本亨区長も小池知事に倣った。虐殺と天災の被害を同一視することのできる行政が、さほどの大問題にも発展せず終いだった状況は無惨に過ぎる。

同年九月一三日には、二〇一〇年度に法制化された高校授業料無償化の対象から朝鮮学校を外した国の措置を、東京地裁が「適法」だと追認し、一人当たり一〇万円の損害賠償を求めた卒業生ら原告六二人の請求も棄却した。拉致問題の進展がないことを理由に文部科学省令の一部を削除してまでも強行された排除は、明らかに教育機会の均等を図る無償化の目的に反しているにもかかわらず、あろうことか司法によってお墨付きが与えられたことになる。

書店には嫌韓・嫌中のいわゆるヘイト本や、過去の加害責任を正当化し、むしろ恩に着せさえする愛国ポルノの類《たぐい》が山積みだ。「本」と呼ぶのもおぞましいこの手の代物を、大手出版社までが競うように刊行し、増刷を重ねている光景からは、この国の社会のどうしようもない劣化、来るところまで来てしまった惨状を思い知らされる。近年における出版不況の原因は、必ずしもネットの普及に伴う活字離ればかりでもないのではあるまいか。少なくとも筆者は、文筆を生業《なりわい》とする人間でありながら、書店に足を運ぶのがつくづく嫌になっている。いたたまれなくなるからだ。

彼らに道徳を語る資格があるか

現在の日本で最も道徳心を持ち合わせていない者は誰か。安倍晋三首相をはじめとする与党政治家の面々である。断じる根拠は無数にあり、改めて提示する必要もないだろう。この主張に反論できる人はそう多くないと思われる。

そんな人々があるべき規範意識を説き、今また教育勅語の復活を目論んでいる。国民の価値観を都合よく統一しようとしている。いくらなんでも異常に過ぎはしないか。

彼ら自身が真っ当なら構わない、と言いたいのではまったくない。どれほど立派な人物だろうと、人間がその地位に乗じて他人に生き方なり思想なりを強制する権限などあり得ないと考える。

それでも、目下のような惨状に至っては、敢えて庶民感情に訴える問題提起を試みる危険をも冒さなければならないのかもしれない、とも思う。あまりにも口惜しく、残念なことではあるけれど、私たちは現実に、そこまで追い込まれてしまっている。（敬称略）

(1) 拙稿「戦争経済大国への妄想ふたたび1　吉田松陰の幻影」『季刊kotoba』二〇一六年冬号。
(2) 拙稿「新・官僚支配5　競争原理が脅かす地方自治　加速化する「平成の大合併」で切り捨てられる人々」『現代』二〇〇五年三月号。
(3) 拙著『戦争のできる国へ――安倍政権の正体』朝日新書、二〇一四年など。
(4) 同右。
(5) 菅英輝編著『アメリカの戦争と世界秩序』法政大学出版局、二〇〇八年など。
(6) ジョック・ヤング著、青木秀男ほか訳『排除型社会――後期近代における犯罪・雇用・差異』洛北出版、二〇〇七年など。
(7) 拙著『「心」と「国策」の内幕』ちくま文庫、二〇一一年。

III

教育勅語が照射する現代の社会と教育

●鼎談　寺脇　研／青木　理／木村草太

なぜ今、教育勅語？

寺脇　教育勅語とは言うまでもなく、教育に関することなので、文部科学省の関係者として、私が口火を切ります。

私は一九七五年に文部省に入省して二〇〇六年の退職まで三〇年あまりいたわけですけれども、そのかん、「教育勅語」という言葉はもちろん知っていても、教育勅語に関してまともに議論したことは一度もありませんでした。「教育勅語を復活させろ」とか「教育勅語はいい」みたいなことを言う政治家もどこかにはいたのかもしれないけれども、こんなものが正面から議論されるというか、国会で質問を受けたり、まともなルートで出てくるような話ではなかった。

これは本書の他の先生も書かれていることかもしれませんけれども、国会で教育勅語を唱和させている学校が議論の対象になって、「それはいけない」と言った瀬戸山(三男)文部大臣の答弁★は私の文部省時代のことですが、その答弁が省内で何か議論になるとか、マスコミで大きく取り上げられるというようなことも多分なかったと思います。それは当たり前な話だからで、「教育勅語を教えていいのか」「駄目に決まっているでしょう」みたいなことで。瀬戸山さんなど、今で言うと日本会議以上にゴリゴリの保守の方が考えたって、「それは駄目でしょう」というような存在だったんですね。

――

★一九八三(昭和五八)年五月一一日参議院決算委員会にて、私立松江日本大学高等学校の建国記念日学

校行事で教育勅語をとりあげたことについて、瀬戸山三男大臣の発言は以下の通り。

教育勅語の扱いについては、〔中略〕昭和二十一〔一九四六〕年及び二十三〔一九四八〕年、自後教育勅語を朗読しないこと、学校教育において使わないこと、また衆参両議院でもそういう趣旨のことを決議されております。でありますから、そういうことで今日まで指導してきておるわけでございますが、〔中略〕松江市にある私立の高等学校でそういう事実があったということを私も最近聞きまして、率直に言って遺憾なことであると思っております。教育勅語そのものの内容については今日でも人間の行いとして、道として通用する部分もありますけれども、教育勅語の成り立ち及び性格、そういう観点からいって、現在の憲法、教育基本法のもとでは不適切である、こういうことが方針が決まっておるわけでございますから、そこで文部省といたしましては、その事態を承知いたしまして、〔中略〕これはいわゆる島根県の認可学校でございますから、島根県を通じてそういうことのないように指導をしてくれと、こういうことをいま勧告しておるわけでございまして〔後略〕。

それよりも、もう一つ今回の騒動の底流には、道徳の教科化ということがあります。来年春から小学校で、二〇一九年からは中学校で授業が始まるわけですけれども、道徳についての議論というのはずっと以前からありました。まず戦後、やめてしまった「修身」を復活させろという議論があって、それは特別な教科、いわゆる普通の教科ではないのだということで一九五八年の学習指導要領改訂で「道徳の時間」が復活をするわけですけれども、その後も私は何度もいろいろな自民党の国会議員に、修身を復活させろ、と言われました。だけれども、教育勅語を、という話はなかった。それが今、閣議決定で教育勅語の使用云々まで来ているという状況も驚きです。

寺脇　研氏

そして実は、この教育勅語の使用の是非は、森友学園事件で初めて出てきたことでもないんです。文科省の若い人たちに「いつの間にこんなことになっちゃったの？」と訊くと、下村博文大臣になってから教育勅語ということがしきりと言われるようになり、教育勅語全否定というのはおかしいだろうと大臣に言われて、教育勅語を教育の場で使ってもいいとかいう話が出てきている。実際に議事録を調べてみると、下村大臣時代にそういう答弁が出ています。★当時は一般論として言っているんだけれども、それを一度やっているものだから、森友であんな異常な使われ方をした状態でも、同じ答えをしなければいけなくなっている。

これは政治主導というものをどこまで許すのか、木村さんの専門の憲法論にもつながるんでしょうけれども、政治主導なら何でもいいと。だから、それまでの慣例や議論の積み重ねを全部ぶっ飛ばして、何十年も教育勅語なんて論外だと思っていたのが、「教育勅語を認めない理由を言ってみろ」と言われると、使わない理由というのをなかなか役人も説明しにくかったりする部分があって、評価が変化していく。つまり、戦後七〇年積み重なってきた行政の流れというものを政治主導で一気にひっくり返すみたいなことがあっていいのか、という問題が根っこにあると思います。

青木　先日、前文部科学事務次官の前川喜平さんと話したときに、その話をしていました。教育現場で教育勅語を使うのは悪いことではない、というような答弁を国会でさせられたと。

寺脇　それこそ彼曰くの「面従腹背」というやつで、下村さんは教育勅語をいわゆる道徳的な意味で「教材として」使えと言う、前川さんは教育勅語のなかの「今日でも通用するような内容」を「学校で活用する」文脈で答えるという、同床異夢のことをやっていたわけです。ところが今回森友事件が起こって、同床異夢では済ませられないところにきているると思うんですね。

★二〇一四(平成二六)年四月八日参議院文教科学委員会にて、教育勅語の学校での活用について前川喜平・初等中等教育局長(当時)は政府参考人として以下のように答弁している。

各学校において教材を選定する際には、教育基本法、学校教育法、学習指導要領等に照らして適切なものを選定する必要があると考えております。

教育勅語は、明治二十三〔一八九〇〕年以来、およそ半世紀にわたって我が国の教育の基本理念とされてきたものでございますが、戦後の諸改革の中で教育勅語を我が国の教育の唯一の根本理念とする考え方を改めるとともに、これを神格化するような取扱いをしないこととされ、これに代わって教育基本法が制定されたという経緯がございます。

このような経緯に照らせば、教育勅語を我が国の教育の唯一の根本理念であるとするような指導を行うことは不適切であるというふうに考えますが、教育勅語の中には今日でも通用するような内容も含まれておりまして、これらの点に着目して学校で活用するということは考えられるというふうに考えております。

続く下村大臣の発言は以下の通り。

今局長から答弁あったとおりでございますが、教育勅語そのものを学校で副教材として使用するということについては、歴史的な経緯がありますので、教育勅語そのものというよりは、そういう歴史的な中でいろんな要らぬ議論が出てくることが予想されます。

ですから、そのものを使うということについては相当理解を求める必要があるというふうに思いますが、ただ、その内容そのもの、教育勅語の中身そのものについては今日でも通用する普遍的なものがあるわけでございまして、この点に着目して学校で教材として使う、教育勅語そのものではなくて、その中の中身ですね、それは差し支えないことであるというふうに思います。

また同日、記者会見にて教育勅語の原本の国立公文書館への移管についての質疑応答で、下村大臣は以下のようにも答えている。

教育勅語そのものの中身は、至極全うなことが書かれているというふうに思いますし、当時、それを英文、あるいは独文等にして、ほかの国でもそれを参考にしたという事例があるということも聞いておりますが、その教育勅語のその後の活用のされ方ということについて、軍国主義教育の更なる推進の象徴のように使われたということが問題ではないかというふうには思います。

ちょうどその騒ぎが起こったころ、八木秀次さん（麗澤大学教授）と対談しないかという話があって、私は『正論』なんて一回も出たことないんだけれども、いい機会だと思って行ったんです（『正論』平成二九年六月号「激突対談　是か非か教育勅語」寺脇研・八木秀次）。

青木さんもご存知と思うけれども、今の政権がやっていることは政治主導と言いながら、首尾が一貫していないんですね。だから八木さんは苛立っているわけです。教育勅語なんか今ごろ持ち出されたらたまらん、と。つまり彼らの戦略として、来年の四月から道徳を正式な教科にして教科書もつくって、という矢先に森友が騒がれて、非常に困惑しているわけですね。教育勅語なんていう話が出たら、道徳というものに対するアレルギーが出てくるんじゃないかという困惑でしょう。彼らは「考え、議論する道徳」というキャッチフレーズをつくって、考える道徳、議論する道徳をやろうとしているときに、教育勅語は「考え、議論する」という考え方はまったくなくて、言葉通りにそのままやりなさいという話ですから、そういう意味での混乱というのも一つあるというのが今の状況です。

その後、森友学園問題も少なくとも教育勅語の部分は表に出なくなったので、その部分は収束して、今教育論として重要なのは、来春から行われる教科「道徳」が一体どういうふうにスタートしていくのかです。今、道徳教科書を検証している人たちもいますが、どうやらあまり考え、議論するという体になっていないらしい。もちろん教科書はあくまで教科書に過ぎないわけですから、現場でどういうふうに授業をやるのかということを考えるべき時期にきているのかなと思います。

日本会議のめざすもの

青木　僕からはまず、日本の保守政界と右派勢力の現状を概観しますが、別に日本の保守や右派を体系的に取材してきたわけではありませんので、たまたま日本最大の右派組織とされる日本会議を取材して一冊のルポルタージュ(『日本会議の正体』)を書いたこと、それから安倍晋三とは一体何者なのかということを取材して別のルポルタージュ(『安倍三代』)を書いた経験に基づき、いくつか問題提起したいと思います。

日本会議の取材をしてみると、彼らがこだわりつづけてきたテーマが幾つかに集約されることに気づきます。まずは天皇制と皇室の崇敬。それから安全保障、彼らが言うところの国防の強化。それから憲法改正。その他にも彼らが言う〝伝統的〟な家族観の重視といったテーマもありますが、やはり教育問題は運動のコアな柱の一つで、それはすなわち〝自虐教育〟、あるいは戦後の〝偏向教育〟からの脱却と〝愛国教育〟の強化といったかたちを取ってきました。

その意味で言うと、わずか一年で退陣した第一次安倍政権（二〇〇六年九月二六日—〇七年九月二六日）は、彼らにとって実に大きな成果をあげている。教育基本法の改正（二〇〇六年一二月）です。僕は明らかに改悪だったと思うし、このときからすでに大きな後退戦を強いられているんじゃないでしょうか。寺脇さんがおっしゃるように、教育勅語を堂々と持ち出すような連中が政界の真ん中で大手を振りはじめた。彼らは教育基本法は憲法と一対のものだと捉え、教育基本法の改正を改憲の前哨戦と位置づけ、すでにそれを成し遂げたわけです。

確かに寺脇さんとの対談で八木氏は、教育勅語など今さら持ち出す必要はないという趣旨のことを言っている。なぜなら、その精神はすでに教育基本法にうたわれているからだと。今になって教育勅語を公然と持ち出し、幼稚園児にまで暗唱させていた森友学園は明らかに奇矯に見えますが、教育勅語の理念がすでに教育基本法に書かれていると宣言されるような状況に立ち至っていることも再考すべきではないでしょうか。

現政権のコアな支持基盤とされる日本会議が何かといえば、谷口雅春が戦前に創設した新興宗教・生長の家の元活動家を中心とし、神社本庁や右派の新興宗教がその周辺を固める宗教右派団体です。そのカルト性というか、ファナティックな雰囲気を知るには、たとえば彼らの言う〝伝統的〟な家族観をめぐる主張が好例でしょう。

日本会議は、〝伝統的〟な家族観を破壊するものとして、選択的夫婦別姓制度の導入に異様なほどの反発を示してきました。法相の諮問機関である法制審議会は一九九六年、選択的夫婦別姓の導入を求める答申を出しているにもかかわらず、これがいまだに実現しないのは、日本会議やそれに同調する政治勢力の意向によるものとみて間違いありません。それでは、彼らの訴えは具体的にどのようなものか。

日本会議の事務総長に就いている椛島有三氏は、生長の家の学生活動家出身で、日本会議の運動の実務を取り仕切るキーパーソンといえる人物ですが、彼は選択的夫婦別姓を「事実上の不倫の勧めになる」から反対だと主張しています。また、この制度は旧ソビエト連邦で行われた家族破壊に通じ、共産主義者の策謀であるという趣旨のことも言っている。

青木　理氏

また、埼玉大名誉教授の長谷川三千子氏は、日本会議系の機関誌でこう訴えています。「今のフェミニストたちの主張の通りに、この不満も解消する、あの不満も解消するといって次々解消していくと、どういうことになるかというと、益々女性の我慢の能力というものが低下していって、今の女性が軽々こなしているような生活も、これから二、三十年先の女性になると、もう耐え難くなるかもしれませんね。そうするともうきりがない」(『祖国と青年』一九九六年三月号)。いずれも珍奇というしかない主張で、理屈にもなっていない(笑)。

日本会議とはつまり、そういう組織なわけですが、教育基本法の改正にしても、彼らの主張が次第に具現化し、戦後日本の矜持が敗北戦を強いられているという歴史はきちんと見なければなりません。そこで森友学園の問題は貴重な事実を僕たちに提示しています。森友学園の前理事長・籠池泰典氏は、一言で言えば日本会議、あるいは日本会議の内部や周辺に漂う教育観をきわめてわかりやすく可視化してくれたと僕は思うのです。八木氏は「今さら教育勅語を……」と言うかもしれないけれど、組織を取材した僕の実感でいえば、日本会議の教育観は、かなりあれに近い。

寺脇　おっしゃる通り、教育基本法の改正というのは、第一次安倍政権のときにやったことです。しかし、そこでもやっぱり文部官僚たちは必死になって歯止めをかけているわけですね。変えさせた側からすれば、教育勅語の徳目は全部入れた、「伝統」を大事にしたという一方、政策担当の立場から言えば、「生涯学習」という条文を入れたというのが大きいことなんです。つまり、学習者が主権である、と。それは、教育の押し付けというものは基本的に駄目なんだという考え方だと私は思っているんです。

具体的には、教育基本法第三条ですね。第一条に「教育の目的」があり、第二条の「教育の目標」というところに、「正義と責任」「自他の敬愛」「職業及び生活との関連を重視し、勤労を重んずる態度を養う」云々と書いてありますけれども、ここに必要な徳目を入れ込んだと八木さんたちは言っている。しかし第三条には、「生涯学習の理念」として、「国民一人一人が、自己の人格を磨き、豊かな人生を送ることができるよう、その生涯にわたって、あらゆる機会に、あらゆる場所において学習することができ、その成果を適切に生かすことのできる社会の実現が図られなければならない」というのを新しく入れている。

青木さんの言う後退戦のなかで、懸命の歯止めをかけておかないと大変なことになる、確かに全体的には押されている状況だろうし、かつ日本会議の主張するトンデモ性、元は私もそうであった文科省の役人の常識からいうと耳を貸すにあたらないとしてきたことに耳を貸さざるを得ない、何かそこに巻き込まれていくというような現実があるだろうと思います。

「暗唱とイデオロギーは無関係」か

寺脇　それともう一つ、今回、幼稚園で教育勅語の暗唱をやっている映像がテレビに出たときに、私たちはぞっとするけれども、一般の人はそれほどぞっとしないんじゃないんだろうかという思いがあった。二〇〇三、四年ぐらいですかね、明治大学の齋藤孝さんが大ブレイクして古典の暗唱ブームが起きたし、東北大学の川島隆太さんのどう脳を活性化させるかという話が話題になりました。私は両方ともものすごく違和感があったのですが、それらは日本会議と逆の意味で、アカデミックな知見だから一般に使われるのです。

典型的だったのは、私が文化庁にいるとき、国語審議会というのがあって、そこにお二人がメンバーとして入っていたんですね。普通国語審議会は国語の専門家が議論するところなんだけれども、お二人のご議論を聞いていると、川島先生は計算問題を解くときや本の音読時には脳の前頭前野が活性化するというような話で、齋藤さんに至っては文化庁で国民が読むべき本一〇〇冊というのを決めて、特に子どもたちに義務づけなさいという提案をまともにおっしゃったので、驚きました。さすがに他の委員さんたち全員が反対したので、それは沙汰止みになってしまったけれども。

教育勅語を暗唱しているのこそ森友の幼稚園だけだけれども、他の幼稚園では論語の暗唱やそれに類したことはさんざんやっているので、教育勅語の中身をよく知らない人にとっては、暗唱自体、別段不思議なことではないのです。今幼稚園なんかで「暗唱をやります」というのを売りにしているところはけっこうたくさんある。その流れと日本会議のむちゃくちゃな流れとが野合したのが今回の塚本幼稚園だというふうに私は受け止めています。

青木　そうですね。おっしゃるように、文科省や文化庁が、すなわち「お上」が「国民が読むべき一〇〇冊」を選び、ありがたくおしいただく発想自体、僕は強烈な不快感を覚えます。

寺脇　もちろんです。これは戦後の教育の大きな流れになりますけれども、要するにいわゆる占領が終わったところで復古的な勢力が強くなり、それに日教組が激しく対立して、昭和二十年代の終わりから四十年代にかけての二〇年間ぐらいはずっと対立をやっていて。私が役所に入ったころは、それが収束というか、もう大概にせんといかん、みたいなことになってきていました。

教科書検定の仕事を担当したんですけれども、それまでの教科書検定というのはものすごく野蛮だったんですね。木村さんのご専門の、法治か人治かという議論ですが、昭和四十年代までの教科書検定は本当に、人のパーソナリティによって行われていて、有名な家永訴訟の畔上判決で、「気ままな処分」というふうに書かれていますね。★ 教科書調査官という学者の恣意で行われているのではまずいというので、教科書検定が法治によって行われるようにやっていく。そのなかで教科書検定の弾力化といいますか、今度は逆に、育鵬社の教科書もＯＫですよ、みたいに幅を広げていくことになっていくわけですけれども。

私の世代はそうやってきているものだから、大臣が教育勅語を肯定するようにしむけるなど信じられないし、普通だったら森友学園に閉鎖命令を出すぐらいの話だと思います。大阪府に是正指導を行うなど、強く介入すべきではないか。一応かたちだけ指導か何かをしたみたいですけれどもね。本当は、こんなとんでもない教育をどう是正するかという議論にならなければいけないのに、そうなっていないということが問題ですね。

★家永教科書裁判第二次訴訟・第二審における畔上判決（東京高判昭和五〇年一二月二〇日）

「本件各改訂検定不合格処分は〔中略〕検定基準等の定めによらず、裁量の範囲を逸脱し、かつ、前後の一貫性を欠く気ままに出た行政行為であるといわねばならない」、「このような結果を招くにいたったのは、控訴人〔文部大臣〕においては教科書制度と公教育としての初等中等教育とのかかわり合いについて、不断の検討と改善の措置をとるのに十分でなく、現行制度の慣行的運営になれ安んじていたことによるもの、とのそしりを免れがたいといえよう」として教科書検定行政を批判した。

政治と宗教、政治と教育内容

木村　まず教育勅語の使われ方ですが、お話を伺っていると、森友的、もう少し言えば日本会議的な教育勅語の使い方は、要するに文書の内容を重視しない、つまり、宗教的な使い方だと思います。教育勅語に対してある種の態度をとることが、宗教――カギ括弧付きの宗教ですが――的には「正しい」ということでしょう。青木さんご指摘のように、日本会議の政治への侵食はまさに政教分離の問題である。私にはそう見えます。

政教分離は近代憲法の基本原則の一つですけれども、なぜ政教分離しなければいけないかについての説明の仕方としては、スタンダードな憲法学では、三つぐらいあります。①宗教的少数者が弾圧されないようにする、②宗教が自律性を確保して、政治権力によって堕落させられないようにする、③宗教活動は基本的にはその信者にしか意味のない活動なので、そうした一部の人にしか意味のない活動に公共のリソースを使われないようにする。②が「宗教を政治による堕落から守る」のに対して、③は「政治を不合理な宗教から守る」という発想です。日本国憲法では、戦前の宗教的少数派の弾圧、もっと言えば、「神道は宗教に非ず」という事実上の国教化による全国的な宗教弾圧の歴史を踏まえ、①の少数者の信教の自由の保護が前面に押し出されてきましたし、最高裁判決でもそうなっています。ただ現状を見ていると、そろそろ、③の、政治が宗教によって汚染されていくといいますか、一部の人にしか意味のないことに公共のリソースが割かれてしまうということにどう対応するかを本気で考えなくてはいけない段階にきているのだと、今お話を伺っていて思いました。

もう一つ、政治主導と教育内容の関係については、教育内容は基本的にはどの科目についても高度の専門性がある話ですから、政治主導ではいけない領域のはずです。憲法学的な議論でいうと、教科書検定なども含め、教育内容の選定とは、特定の学術体系や思想内容に特権を与えることに本質があ

木村草太氏

ります。たとえば教科書は、学術体系・思想内容を示した本が多数あるなかで、一定のものについてだけ、「これを学校で教えるべきである」と選定されることで、「学校で使われる」という特権が与えられるわけです。政治が恣意的に特権を与えるか否かを決めたのでは公正が害されますから、特権を付与するか否かの決定には専門職の自律の尊重が当然要求される。こういう議論が最近は盛んです。たとえば国語の教科書を選ぶのであれば、「何が正しい国語か」は政治家にはわからないから、正しい国語の内容を考えることのできる専門職の自律を尊重したうえで、特権を付与するか否かを決定しなければならない。もしも政治が恣意的に特権を付与すれば、思想良心の自由や平等原則といったさまざまな憲法上の原則に反することになります。本来はその分野で十分な評価を受けている専門職が入っていくべき教科書の審議会等々に、政治的な意向で長谷川三千子さんのような人が送り込まれていくという可能性はある。それよりはマイルドかもしれないけれども、齋藤孝先生が国語審議会に加わるというのも、実は同様の問題にふれる。お話を伺っていて、専門家の選任というところに、今相当な問題があるらしいということを思いました。政治が宗教に侵食されていくとともに、専門家集団までも宗教に侵食されていくという現象が見られる。そして、それらがマッチポンプのようにお互いに補強し合っていくということが、現在起きていることなのかなと。

同様の現象は、恐らくは文科省マターのみならず、いろいろなところに起きています。私が関わった問題で言うと、安保法制のときがそうでした。体系的な憲法解釈が内閣法制局や法学者などの専門家によって、長年、行われてきたにもかかわらず、政治主導で「専守防衛ではなく集団的自衛権も行使できる解釈にしてくれ」と言って、体系に外れた強引な解釈を持ち出す。次に、本来ならば法解釈の専門家がつくべき内閣法制局長官に、伝統を無視して外交官出身者を任用する。さらに、政権に共鳴して、専門家としてはかなり異端なことを言っている人を諮問機関等に重用する。こういう政権運営は他の分野でも散見されるように思うのですが、この教育勅語問題を見ていると、まさにそれを感じました。そろそろこのカルト的なものを政治からどうやって分離していくのかということも考えていかないと、我々の民主主義の前提が確保できない。そういう印象を受けました。

政策決定のプロセス

寺脇　おっしゃる通りだと思います。さっき私は教科書検定を教科書調査官が勝手にやってしまうのはまずい、と言いましたが、調査官でないとわからない部分があるわけですね。専門家ですから。そこが非常に難しいところで、調査官が気ままにやっているのを止めたから、今度はその権限をうんと小さくするわけではなくて、どうそこのバランスを取っていくかという問題なんです。

実際の例で言うと、私がびっくりしたのは、櫻井よしこさんが以前、中央教育審議会の委員になって二期四年務めているんですが、それは下村大臣の強い意向だったそうです。それには恐らく、ほとんどの文部官僚が違和感を感じた。なぜかというと、中央教育審議会は木村さんのおっしゃる教育についての専門家の最高機関で、そこでの決定は大臣といえども尊重していかなければいけない、いわばガイドラインとして戦後ずっとやってきたわけです。その委員の選定案は基本的に事務方がつくって、大臣が強引にこいつを入れろとかいうようなことは一度も経験がない。当然我々は、極端に右寄りの、あるいは左寄りの考え方の方がいると議論がうまく行かないし、両方入れてバランスを取るという考え方もあるかもしれないけれども、穏当なところでやっていくんですね。私の経験で言うと、二〇〇〇年に新しい中教審の委員を選ぶときに、もう亡くなりましたけれども町村信孝さんが文部大臣で、今で言う政治主導的思いのある人だけれども、やっぱり自制するわけですよ。上がってきた人選について、「この人はどういう人なの？」ということは訊かれますけれども、自分の意向は出さない。それが、いきなり櫻井さんを入れるぞという話になって実際に入ってしまうというようなこと、これがとても危ない。

それから、そもそもその中央教育審議会自体が、官邸に置かれた教育再生実行会議なるものの下部機関みたいに位置付けられてやっていっている。そういう意味で、教育あるいは安保法制でもそうなのかもしれないけれども、木村さんのおっしゃる専門家というのをどう見るかという問題があって、それが今回、前川さんが反乱を起こしたということの一つの流れにもなっていると思うんです。

青木　あえて問題提起のつもりで別の例を出すのですが、僕が長く取材した分野で言えば、刑事司法改革などを主導する法制審の委員などは法務省が事実上決めるわけです。そうすると、法務省に批判的な識者も一応入れつつ、大枠では法務省の思惑通りに議論が進むような人選になる。ご存知の通り、日本の刑事司法は相当ひどい状態が放置されていますが、これを変えるためには政治主導で突破するしかないという理屈で言えば、今回の国家戦略特区をめぐる加計学園の問題で「岩盤規制を突破した」「文科省のゆがんだ行政を正した」という論理がまかり通ってしまいませんか。

寺脇　これにはコモンセンスというのをどう考えるかという問題があると思うけれども、過去で言うと、真っ当な意味で教育に政治が介入したというのは、私は二度あると思っています。一度目は中曽根内閣のときの臨時教育審議会（一九八四年八月―八七年八月）で、中央教育審議会を休止させて総理直属でやるぞ、というものです。これは臨時教育審議会設置法という法律をつくって国会で議論をし、そして当時は自民党が強いんだけれども、一応野党の言うことも聞く。ここで重要なのは、中曽根さんは教育基本法の改正を議論したかったけれども、与野党で約束してそれを封印した。だから非常に意味のある議論ができているんです。たとえばこの審議会には、連合の代表やもちろん保守的な立場の人たちも入っています。そして九〇年代に入って中央教育審議会が再開されたところでは、政治主導により、初めて日教組の代表を入れる決断をするわけです。そういうふうに、政治が主導してこのくらい人選や議論の幅を広げていいんだぞというふうなことを別の組織でやるのに、中央教育審議会も倣っていくということはあって良いと思います。

二度目は、これは法制化していないんですが、小渕内閣での教育改革国民会議（二〇〇〇年三月―〇一年四月）で、中教審よりももう少し幅を広げたところで議論して、それをオーバーラップさせてやっていこうというのが小渕総理の趣旨でした。そのかわり中央教育審議会をあくまで補完するという考え方で議論をしよう、と。ところが始まった矢先に小渕総理が急死して、あとは森総理になってしまったので全然そういうふうに機能をせず、教育基本法の改正の流れをつくってしまうという皮肉なことになってしまったけれども。

おっしゃる通り、官僚は手堅く手堅くと考えるところを、ストライクゾーンを広げろということはありだと思うけれども、それを片方にだけ広げるというのはどうなんだろう、と。

青木　なるほど。煎じ詰めて言えば、広げ方に品がないと（笑）。

寺脇　品がないのが当たり前みたいになっていませんか、と。それから司法、行政、立法という三権分立の仕組みに対して、とにかく役人叩き、小泉政権や大阪の橋下(徹)さんみたいな公務員叩きが――現場の教員も地方公務員ですから――席巻するときに、こいつらこそ岩盤規制の最たるものなんだ、選挙で選ばれた正義の味方の俺がそれを叩き潰すんだ、みたいな話があります。

木村さんにぜひ伺いたいと思っていたんですが、憲法一五条の「公務員はすべて全体の奉仕者」というところ、あの冒頭に「公務員を選ぶことは国民の権利である」というようなくだりがありますよね。政治家に「自分たちは選挙で選ばれたんだけれども、おまえらは違うだろう」と決めつけられると、ちょっと待って、と言いたい。こっちだって国民に選任されているぞと。つまり試験に合格しなければいけないとか、試験採用制度を経て公平公正に選ばれていったうえに、公務員法によって政治的行為やいろいろなことが制限されて、労働三権の適用も受けず、ブラック企業的な労働もするぞと仕事してきているのに(苦笑)、単に「おまえらは選ばれていない」なんていう言い分がまかり通っているというのが公務員叩きの底流になってきているんじゃないかと思います。

教育公務員とは

木村　ここのところ公務員叩きが政治的に非常に有効であるというのは、かなり困った病理現象ですね。公務員叩きが始まったせいで、現場は相当やる気が狭められるうえに、本来使えるはずの影響力も小さくなっているというのは想像に難くありません。

憲法上の教科書的な説明をすると、「公務員を選定し、及びこれを罷免することは、国民固有の権利である」と憲法第一五条に書いてございますが、ここでの選定の仕方には当然いろいろな選定の仕方がある。「直接の選挙で選ばなくてはいけない」という意味ではありません。公務員とは、広い意味では国家機関の担い手一般をさしますが、すべての公務員について、その選び方は憲法で決まっています。たとえば、象徴機関である天皇は世襲、裁判官は内閣が任命、内閣総理大臣は国会が指名して天皇が任命といったような具合です。官僚はどうかというと、行政各部を指揮監督する権限が内閣に与えられていますから、基本的には内閣によって選任されることで、国民との連結を確保している。つまり、国民を代表する国会が選んだ内閣が指揮監督権を有するものとして行政各部を構成するというかたちになっているので、公務員は「国民から選ばれた」という正統性は、寺脇さんがおっしゃったように当然あります。

なぜこういう仕組みになっているかというと、仮に選挙や国会の直接指名で選ばれる行政各部の吏員・公務員がいると、彼らは大臣や内閣に対して独自の正統性を主張し始めるでしょう。たとえば、文科省の役人が選挙で選ばれていたら、大臣と官僚がそれぞれ独立に民主的正統性を主張して、行政の全体の統一性が確保できなくなる。内閣総理大臣の仕事は、行政全体を調和させて一つのプログラムの下に進めていくことです。だから行政は、内閣の下に統一されなくてはいけない。

そういう制度設計になっているので、官僚の選任は基本的に内閣が担わねばならない。内閣が人事権を究極的には持っていなくてはいけないというのが憲法上の原則です。ただ、先ほどお話ししましたように、政治的な判断になじまない部分、つまり専門職が絡んだときには、この原則をそのまま適用するとまずい事態を引き起こす。ですから、専門職を選ぶさいには、専門家としての自律を尊重して内閣は選ばなくてはいけないということになるはずです。

こうした観点から見たとき、実は、「憲法上の基礎のある専門職」もあります。たとえば、憲法二三条は「学問の自由」を保障しているので、大学には「大学の自治」と「学問の自律」が与えられています。ですから、国公立大学の教員は、身分上は公務員ではありますが、その人事に対して、国は介入してはならない。これは「大学の自治」のうち「人事の自治」として確立しています。

実は教育公務員についても、ある程度のことは憲法二六条から導出できるはずです。二六条には、「すべて国民は、法律の定めるところにより、その能力に応じて、ひとしく教育を受ける権利を有する」とあります。これに関連して、かつて「国民の教育権か、それとも国家の教育権か」という論争があり、「旭川学テ訴訟」という有名な判決も出ています。★この事案は、学校の先生が全国一律の学力テストを実力で妨害して、公務執行妨害罪で起訴されたのに対して、「学力テストは国民の教育権を侵害しているから、正当な公務ではなくて公務執行妨害罪は成立しない」と教員側は訴え、最高裁まで争われたものです。

あの判決で言っているのは、二六条の「教育」とは、単に何でもかんでも教えればいいとか、どんな内容でもいいとかいうものではないということです。とりわけ初等中等教育においては、子どもが十分な判断能力を身につけ自律的な存在になるために適切な内容の教育でなければ、二六条に言う教育とは認定できない。ある観念を押し付けるような一方的な教育を施したとしたら、それはむしろ教育を受ける権利の侵害である、という話をしています。他の霞が関の公務員に比べると、教育関係の公務員については、憲法上からもかなり「内容的にこうしなければいけないんですよ」という規定が導出できるので、「専門家の自律性を確保しなければいけない」というような議論はしやすいですし、政治からある程度距離をとるということも、憲法に照らして言いやすい存在ではあります。

★「旭川学テ訴訟」判決（最高裁昭和五一年五月二一日大法廷判決）

一九五六（昭和三一）年から六六（昭和四一）年、文部省の指示により実施された全国中学校一斉学力調査（「学テ」）に反対する教師が、一九六一年一〇月、旭川市立永山中学校において学テの実力阻止に及び、公務執行妨害罪などで起訴。子どもの教育を決定する権限（教育権）が誰に所属するかが争点となる。教育権の帰属問題は、「国家の教育権」「国民の教育権」いずれの主張も「極端かつ一方的であり、そのいずれをも全面的に採用することはできない」とされた。児童は学習をする固有の権利を有し、教師に教育の自由は一定の範囲において存在するが、合理的範囲において制限されるとし、学テは合憲との判決が下った。

青木　教育というのは極めて特殊な行政分野であり、政治が過度に介入するのは好ましくない。だから戦後、教育委員会制度がつくられたわけですね。それが骨抜きにされ、今や各地で首長が平然と教育に手を突っ込むようになっている。もう一度原点に立ち返り、教育委員会制度をうまく再生できないかという気もするんですが。

木村　うまく活用できればいいですよね。

青木　同じレベルで比べることではありませんが、警察組織も政治が直接的にちょっかいを出すとまずいということで戦後、公安委員会制度の下に置かれました。しかし、警察は逆にこれを最大限活用している面があって、各地の公安委員などはほぼ警察の意向に沿って決められ、警察組織に対するチェック機能は完全に失われている。

一方、教育もやはり政治の直接的介入を防ぐべきなのに、そういう教育制度のありようがまさに戦後的というか、日本会議やそこに集う政治家たちには許せないものとみなされている。彼らの言う戦後の〝偏向教育〟や〝自虐教育〟は、個人を過度に尊重する戦後教育の産物であり、国家への帰属意識や愛国心が失われたのはそうした戦後教育のありようだと決めつけている。

寺脇　木村さんのご説明で非常にすっきりしたんですが、今回の加計問題で文部科学省だけが反乱を起こした理由は、まさにそこのところなんですね。教育の政治的中立ということが頭のなかに刷り込まれているので、政治の介入が過度に作用したときには抵抗しなければいけないという意識があるんです。前川さんはもちろん私だってそうだったし、今の若い官僚たちがそういうふうに考えているというのは心強いことだとむしろ思うわけで、教育基本法でも教育行政についてはわざわざ一六条で、「教育は、不当な支配に服することなく、この法律及び他の法律の定めるところにより行われるべきもの」と言及しています。だから、とにかく法に従ってやっていくのであって、たとえば教育勅語は国会で排除と失効の決議がなされているわけだから、それをいくら大臣のお気に入りだからといって使うわけにはいかないよということを言わなければいけない。そういう場面は私自身の経験のなかにもあります。本来は、青木さんが言われたように、国家公安委員会のように、文科省とは別に国家教育委員会というのをきちんとつくって、どこの政権だろうがそこでやっていくみたいなことをやらなければいけないと思うんですね。

それと今の教育行政についていえば、第一次・第二次安倍政権の間に民主党政権(鳩山、菅、野田の各政権)が挟まったという事情があります。たとえば大学までの教育無償化のために憲法まで改正しようと急に言い出されてびっくりするわけですけれども、民主党政権が高校授業料を無償化したのを第二次安倍政権(二〇一二年一二月二六日—　)は、民主党のやったことは全部廃止だ、高校授業料無償化はやめるんだ、というスタンス。これは非常に場当たり的なもので、木村さんがおっしゃったように法は最重要だけれども、政策の方向性というのはあるわけだから、政権奪取時に無償はやめた、でも今度はまた無償だよというふうに、同じ政権の下で場当たり的な判断が行われていいのかどうかということなんですね。

「教育勅語にはいいことが書いてある」

青木　本題の教育勅語に話を戻しますと、教育勅語がなぜ今になってまた鎌首をもたげてきたかといえば、それは日本会議やその周辺に集うような連中が執拗に持ち出しつづけてきたからです。ただ、日本会議の取材をしていて興味深いなと感じるのは、教育勅語を持ち出す連中の大半も、「以テ天壌無窮ノ皇運ヲ扶翼スヘシ」という部分ははしょるんですね。

日本会議の活動を眺めていると、森友学園以外にも子どもに教育勅語を暗唱させているグロテスクな事例はあって、たとえばホームページで紹介されていたビデオでは現代語訳された教育勅語を暗唱させているんですが、「以テ天壌無窮ノ皇運ヲ扶翼スヘシ」という部分は抜け落ちている。親孝行しろとか、兄弟姉妹は仲良くしろとか、勉強をしろとか、そういう部分だけをクローズアップして「いいことも書いてある」「全否定すべきではない」という理屈を持ち出し、多くの人もそれはそうだと思わされてしまっている。

しかし、これも僕たちは大本を再考すべきでしょう。道徳とは子どもに何かを暗唱させるべきものなのか。しかもそれをお上が宣布し、「いいことも書いてある」という理屈で肯定するなんて論外であり、本来の教育とは、道徳とは一体何かを個々人に考えさせる力をつけることのはずです。「いいことも書いてある」という理屈で部分的にせよ認めてしまうのは、市民社会の堕落以外の何物でもない。それが教育勅語をめぐる問題の根本にある気がします。

木村　なぜ「いいことが書いてある」という言い方をするのかということだと思いますが、今教育勅語を教育内容にしてはいけないのはなぜかを憲法学的に説明すると、単純に「そもそも体制が違う」ということです。教育勅語は大日本帝国のよき臣民の心得ですから、大日本帝国が存在しない以上、教育勅語は有効性を持ち得ない文書である。これが基本なんですね。わかりやすく言うと、今教育勅語を教えるのは、大洋ホエールズの応援歌を横浜スタジアムで歌うようなものです。同じ本拠地を使っていても、大洋ホエールズはもう存在しないんだから、その応援歌をベイスターズの試合で歌わないでくれと、そういう話です。

大日本帝国憲法から日本国憲法に変わって、日本の体制が根本から変わった。それにもかかわらず教育勅語を教えるのは、結局のところ、「今の体制を否定したい」という意思を表現するためにやっているのだろうということですね。体制を否定するポーズが取れればいいので、ある意味、内容はどうでもよい。戦前的な価値観からすれば、御真影を直接見えるようにするとか、教育勅語を不揃いに唱えるとかは、あまりにも扱いが軽々しくて不敬罪に当たりかねないわけですが、彼らは体制批判のポーズとして使っているだけなので、あまり気にしない。そういう現象なのだろうなと思います。

教育勅語の排除決議が出された一九四八年の国会審議録★を見てみると、敗戦翌年の一九四六年には教育勅語は使用を否定されたのに、そのあとも使い続けている学校があって問題だから、「行政としても回収をしていますし、責任を持ってやります」と文部大臣が発言しています。いまだに明治国家の体制下で教育をしている人たちがいるのでやめようという話に、すでに七〇年前にはなっていた。それを今になって、また蒸し返している。日本政治の深奥でマグマのように沸々としている、現体制を何とかひっくり返したい、否定したいという欲望のあらわれなのだろう、だから、教育勅語的に見れば一貫しない使われ方でも、体制否定という一点で一貫する。そういう印象を受けました。

★一九四八（昭和二三）年六月一九日衆議院「教育勅語等排除に関する決議」が行われた際の森戸辰男大臣の発言は以下の通り。

敗戦後の日本は、国民教育の指導理念として民主主義と平和主義とを高く掲げましたが、同時に、これと矛盾せる教育勅語その他の詔勅に対しましては、教育上の指導原理たる性格を否定してきたのであります。このことは、新憲法の制定、それに基く教育基本法並びに学校教育法の制定によつて、法制上明確にされました。〔中略〕

詔勅中最も重要である教育勅語につきましては、終戦の翌年、すなわち昭和二十一（一九四六）年三月三日、文部省は省令をもつて国民学校令施行規則及び青年学校規程等の一部を停止いたしまして、修身が教育勅語の趣旨に基いて行わるべきことを定めた部分を無効といたしました。次いで同二十一年十月九日、文部省令において国民学校令施行規則の一部を改正いたしまして、式日の行事中、君ケ代の合唱、御真影奉拝、教育勅語捧読に関する規定を削除いたしました。この行政措置によりまして、教育勅語は教育の指導原理としての特殊の効力を失効いたしたのであります。昭和二十一年十一月三日新憲法が公布され、これに基いて、翌二十二年三月教育基本法が制定せられることになりましたが、この法律は、その前文において、これが日本国憲法の精神に則り教育の目的を明示して、新しい日本の教育の基本を確立するためのものであることを宣言いたし、教育の基本原理がこれに移つたことを明らかにいたしました。学校教育法が制定され、それと同時に、国民学校令以下十六の勅令及び法律が廃止されたのであります。これらの立法的措置によりまして、新教育の法的根拠が教育基本法及び学校教育法にあることが積極的に明らかにされておるのであります。

さらに思想的に見まして、教育勅語は明治憲法を思想的背景といたしておるものでありますから、その基調において新憲法の精神に合致しがたいものであることは明らかであります。教育勅語は明治憲法と運命をともにいたすべきものであります。かような見地から、昭和二十一年十月八日以後、文部省は次官通牒をもつて、教育勅語を過去の文献として取扱い、かりそめにもそれらを神格化することのないように、注意を喚起いたしたのであります。

かようにして教育勅語は、教育上の指導原理としては、法制上はもちろん、行政上にも、思想上にも、その効力を喪失いたしておるのでありますが、その謄本は、今日なお学校に保管されることになつておるのであります。ところが、この点につきましては、永年の習慣から誤解を残すおそれもあり、また将来濫用される危険も全然ないとは申されません。そこで、今回の決議に基いて、文部省より配付いたしました教育勅語の謄本は、全部速やかにこれを文部省に回収いたし、他の詔勅等も、決議の趣旨に副うて、しかるべく措置せしめる所存であります。かくいたしまして、真理と平和とを希求する人間を育成する民主主義教育理念を堅くとることによつて、教育の刷新と振興とをはかり、もつて本決議の精神の実現に万全を期したいと存じておる次第でございます。

寺脇　今、木村さんがおっしゃったように、教育勅語は基本的には、大日本帝国憲法が終わった瞬間に役割を終えたわけですね。それを慣習的にまだ使っているところがあるから止めたという話なのに、最近では「国会の決議だから、たいしたことはない」とか言う人たちまで出てくるようなありさまです。

もう一つ、「いいことも書いてあるじゃないか」というのがすごく怪しい。「父母に孝」なんていうのがいいことなのか。私は現役の役人のときからそう思っていて、それを言ったらクビになっちゃったかもしれないからあれだけれども、もうクビにはなりましたが(笑)、DVをやっている親に孝というのはどうなのよ、と。考えて議論する道徳をやるのだったら、「父母に孝」と昔は言っていたけれども、ぶん殴るおやじや虐待する母親に対しての「父母に孝」というのは何なんだ、ということを当事者以外の人も含めて議論していくようなことがあればいい。

二〇〇〇年ごろ河合隼雄先生と話していて、すべての国民が納得するいいことというのは一体何なんだろう、と逆から考えてみたことがあります。つまり、「父母に孝」と言っても納得しない人は必ずいる。教育勅語に書いてあるようなことは大概だめなんですよ(笑)。「兄弟ニ友ニ」と言っても兄弟でも嫌なやつがいたらどうするのか。「夫婦相和シ」なんて嫌に決まっているし(笑)。こんなものは抜きにして、たとえば困っている人を助けるということはどうかなとか、そういう議論をして、これなら一〇〇人中一〇〇人が納得する、そういうものを徳目という意味で出すのだったらあり得る。でもそれを文部省が言ってはいけない、誰が言うと納得するんだろう、という議論をしたことがあるんです。

青木　相田みつを？（笑）。

寺脇　誰もが反対しない、ＰＴＡの会員の一人も反対しないというものは何なんだろうというと、二つか三つはあるのかもしれない。突き詰めていくと。

木村　法を守ろうとか、そのぐらいですね。

寺脇　法を守ろうは教育勅語にも書いてありますね。

青木　しかし、法を守ろうと言っても、スピード違反を一度もしたことのない人なんていない。無理でしょう、そんなの（笑）。

寺脇　守ろうとする、ということですよ。だって守らなかったら罰則があるわけだから。

木村　法はみんなで守ってもらわなければいけない。

青木　いや、僕は特定秘密保護法を守るつもりがありません（笑）。

寺脇　悪法も法なりと思うかどうかという問題は一つある。

それと、根源的なことでは、さっき木村さんがおっしゃった、教育権は国にあるか教師にあるか。私が文部省に入ったころがその議論のまっただ中でした。最初は私はわりと暇な課だったので課長に暇だったら勉強しろと言われて、渡された本が『教育権』という本で、牧柾名《まきまさな》さんという、国家に教育権はないという側の人の教育権論★を読んで論文を書けというので読んでいたら、気持ち悪くなっちゃったわけです。教育権が国にあると言っている方も、教師にあるという方も気持ちが悪い感が、個人的にすごくあった。

★牧柾名（一九二九— ）　教育学者。『教師の教育権』（青木書店、一九七六年）、『国民の教育権——人権としての教育』（青木書店、一九七七年）、『教育権と教育の自由』（新日本出版社、一九九〇年）など。

寺脇　だから一九八七年に、さっき申し上げた臨時教育審議会が「学習者が教育の主体なんだ」という言い方をしたときに、すごくすっきりしたのです。私は憲法二六条「教育を受ける権利」には不満を持っています。「学習する権利」と書けばすっきりする。「教育を受ける権利」というのは、誰かが設定した教育を受けなければいけないという、受ける権利でしょう。自分が学びたいものを学ぶ権利というふうに位置づけるべき。だから教育基本法改正——青木さんから見れば改悪——のときに生涯学習の理念が入ったというのは、すごく嬉しかったんですよ。憲法はなかなか改正できないから。

その臨時教育審議会答申の前、昭和五十年代ぐらいから教育行政の考え方が少しずつ変わってきて、学ぶ側の選択肢を広げよう、と。教科書もレフトウイングとライトウイングをかなり緩やかにしていって、そのなかから誰が選ぶのか。これまた教科書選定を専門家がやっているのか首長がやるのかという問題が現在起こっていて、石垣市と竹富町の教科書採択問題などがありますが、教科書の選び方、学校の選び方みたいなことをどんどん緩やかにしていって選択肢を増やしていくという方向にきているのに、道徳の教科化というのがまるっきりそれに逆行したかたちで設定されているということに違和感があります。しかも、実は安倍政権自体は、別のところでは教育の選択肢を増やそうとしているわけですね。フリースクールの合法化などは下村さんも強力に推した事柄ですし、あるいはいろいろな、今まで日の当たらなかった人たちに日を当てる施策を出している。つまり、気ままなんですよ。何か、政治家の身内にそういう子がいたりするくらいの理由で学習障害を持っている人に手厚くというと、そっちに日が当たっていくみたいな話がある。

青木　そのあたり、寺脇さんもそうだし、前川さんと話していて、これは官僚のすごいところだなと思ったけれど、僕の言う後退戦を強いられつつも、下村大臣ならばどこをアピールすると自分たちのやりたいことを実現できるか考え、一生懸命にアプローチしたわけでしょう。夜間中学の拡大だったり。

寺脇　そうなんですね。要するに私がお二人とは別な意味で気持ちが悪いのは、こっちかと思えばあっち、あっちと思えばこっちみたいなことがあまりにも多すぎて、教育現場が混乱しているんですよ。道徳以外の教科については、子どもの主体性を認めて、「主体的・対話的で深い学び」というのを徹底しろ、というメッセージを安倍政権は出しているのです。にもかかわらず、道徳の教科化のような面では、青木さんが違和感を持つような状態になっている。どちらかに決定すれば反対運動もやりやすいと思いますが、どうもそこのところがあやふやで、曖昧で。

曖昧といえばさっき木村さんがお話しされた宗教の問題というのも、たとえば安倍昭恵さんが「祈ります」とかフェイスブックなどに書いていますね。あの「祈ります」の具体には、あんまりみんな突っ込まないですね。

木村　何に祈っているのか、ということですよね。

寺脇　もしそれがある特定の宗教なら問題ですよね。ああいう奥さんの例で言うと、佐藤栄作夫人が占いに凝っている、それが佐藤栄作の考えに反映されているんじゃないかみたいなことを言われたと確か記憶しているんですけれども。私が学生のころ。

青木　世界的にもそういう例はあって、アメリカだとロナルド・レーガン（第四〇代大統領）の妻がそうだったようですね。

寺脇　そうそう。昭恵さんが祈ったり、籠池夫人とのメールで「お互いに祈りましょう」とか何とか言っていたり、あれはどうしてチェックされないのかな。

青木　僕は昭恵さんに長時間のインタビューをしましたが、彼女は別に強固な政治信条や宗教観があるわけではなく、かなり薄っぺらなスピリチュアルだと感じました。彼女が神田でやっている居酒屋は自然食の店で、実際に彼女は山口県で一生懸命に田圃をつくったりしている。原発に反対して自然エネルギーを信奉したり、同じようなことを訴える活動家と一緒に沖縄の米軍基地反対運動の現場を訪ねたかと思えば、森友学園で教育勅語を一生懸命に暗唱している子どもを見て涙ぐんでしまう。

僕は『安倍三代』の取材で安倍晋三の生い立ちをかなり詳しく取材しました。しかし、いくら関係者を訪ね歩いても、彼には政治家になるための知見を積み重ねた気配もなければ、湧き上がるような大志も感じられなかった。なのになぜ政治家となり、「一強」と呼ばれる立場を築けたのか、彼女に尋ねたんです。そうしたら、しばらく考えてこんな答えが返ってきました。「天命」だと。「（安倍晋三は）選ばれて生まれてきたんだなと思う。天のはかりで、使命を負っているというか、天命であるとしか言えないと思っていて」と。

木村　日本会議の人と昭恵さん的なスピリチュアルというのは、インタビューしていると違いを感じますか。

青木　それは違うと感じました。先ほども申し上げたように日本会議の中枢にいるのは、ファナティックな国家主義者だった谷口雅春が創設した生長の家のコアな活動家だった人びとです。だから、カルト性すら感じさせる宗教心のようなものに突き動かされ、一九六〇年代から執拗に同じような運動を続けてきた。周辺にいる神社本庁などもそうですが、そういう意味では、宗教カルト的な印象は抱きます。昭恵氏のスピリチュアルとはやはり違う。

木村　しかし、日本会議は一貫性のなさという点では、いわゆる正統な宗教よりも、かなりスピリチュアルに近いところがないですか。

青木　一貫性は意外とありますよ。彼らの主張は、ある意味で古典的な右派イデオロギーですから。つまり戦後体制の否定と旧体制への回帰願望。

木村　私は、籠池氏の御真影や教育勅語の扱いを見ていて、本当に旧体制を敬っているのか疑問を感じるわけですが、「彼らが考える旧体制への回帰」という点では、皇室や家族観、憲法にしても、あらゆる言動が一貫しているということですか。

青木　もちろん憲法一つ取っても、日本会議の内部で認識の違いはありますが、基本的に現行憲法を認めたくない、戦後体制を否定したい、可能であればひっくり返したいという点では一致していると思います。その思想の深さはともかく、駆動力になっているのが生長の家の元活動家の場合、カルト的な宗教心もあるのでしょうが、それはスピリチュアルというものと少し違う。カルトとスピリチュアルの違いを詳しく研究したことはありませんが、昭恵氏のようなスピリチュアルはもっといい加減というか、ゆるやかな思い込みに近いものでしょう。

浸潤するカルト、スピリチュアル？

寺脇　宗教カルトとスピリチュアルの境目というのがあるとしても、さきほどの齋藤さんたちの議論が教育勅語の暗唱への違和感を緩和しているというような意味では、実は国民全体もスピリチュアルなものにかなり染まっているから、安倍昭恵さんや日本会議が普通じゃないというより、我々自身もそれ的なものを許容して生きている部分があるところにうまく乗っかって、どんどん変な方向に行っているんじゃないかなという気がしますね。

木村　そうですね。「江戸しぐさ」★の教育現場での使用とか、ホメオパシーを保健室の先生が使っていたという話もありましたね。現場の先生方のなかにもスピリチュアリズムへの傾倒みたいなものはあるでしょうし。今本屋さんに行くと、嫌韓・嫌中本や日本会議の領域と並んで、スピリチュアリズムの棚というのもある。スピリチュアリズムやカルト的な行動を許容し支える層というのは、一般国民にかなり広がっていると思います。

寺脇　江戸しぐさというのは、一見イデオロギーは関係なさそうに映る。私が文科省を辞めてから流行ってきて、江戸しぐさを推奨している人の話を一回聴きに行ったことがあるけれども、どう見たっておかしい。私は一応落語の専門家でもあるので(笑)、落語を知っていたらこんなのおかしいだろう、庶民がそんな立派な傘を持っているわけがないと思う。でも文科省が道徳の教材として江戸しぐさを入れていくというようなことになってきて、それに異論を唱える人がいない。メディアが江戸しぐさをもてはやした影響も否定できません。つまり、道徳とかいうとイデオロギーが入ってくるからみんなカッと反応するけれども、江戸しぐさならいいのかみたいな。どうしてそうなっちゃったんだ、と。

★江戸しぐさ

二〇一四年に刊行された道徳副読本『私たちの道徳』（小学校五・六年テキスト）に「江戸しぐさに学ぼう」との項目があり、複数の人が一緒に座るときに皆が少しずつ腰を浮かせ席をつめる「こぶしうかせ」、傘をさした者同士がすれ違うときお互いに傘を傾ける「かさかしげ」など、「江戸しぐさ」と呼ばれるエチケットマナーが紹介されている。江戸時代から伝わったものとされているが、現代人による偽史との批判がある。原田実『江戸しぐさの正体——教育をむしばむ偽りの伝統』（星海社新書）など。

木村　なぜあれが排除できなかったんですか。歴史の教科書でやったら確実に教科書検定で不合格ですね。

寺脇　ええ、だからあれは教科書には載っていないんですよ。道徳はこれまで教科でないから、副教材を使っていたわけです。来年から使う道徳の教科書に江戸しぐさが載っていたら、たぶん不合格というか、直せと言われるはずです。『私たちの道徳』は副教材で教科書検定を受けていないから、入り込んできた。それも、「いいことだからいいじゃないか」的なことがあって、確かに傘を譲り合うのは悪いことではない、だから教えましょうといった論理の飛び越えがあります。
　実は、『私たちの道徳』をつくるのに私は省内で反対していたわけですが、自民党からのプレッシャーでつくれという話になって、ゆるゆると教育現場に入っていく。私の意見は、こんなのをつくるべきではないし、つくるならば自由度を高めなければいけないということ。たとえば、挨拶をしましょうというところは、標準語でしか書いていない。なぜ青森県の子も「おはようございます」と言わなければいけないの？　青森の言葉でいいじゃないか、こう言わなければいけないというのもそもそもおかしくないか、といった議論がいつの間にかなくなってきて、その非常に重要なところをチェックする側も緩くなっていると思う。

木村　江戸しぐさを道徳教科書から排除するとして、どういう理由で可能なんですか。歴史の教科書なら、「史実に照らして間違っている」という理由で排除できると思うんですが。

寺脇　私が検定する立場だったら、民間マナーのひとつである「江戸しぐさ」ではこうしていますということを書くのは問題ないけれども、それが江戸しぐさで江戸時代からやっていたからやりなさいみたいな文脈だったら、それは変だというふうになると思うんです。

木村　道徳の学習指導要領★に、真実は尊重しなければいけないみたいなことが規定されているのかということなんですけれども。

寺脇　それは大前提として、あらゆる教科書にあるでしょう。理科だろうが音楽の教科書だろうが、事実でないことを書いているのはおかしい、と。

木村　事実でなくても、人が道徳的になればよいというふうな解釈の余地を、道徳学習指導要領が残してしまっていないかが気になります。

★小学校学習指導要領「特別の教科　道徳」

「学校の教育活動全体を通じて行う道徳教育の要である道徳科においては、以下に示す項目について扱う」とされ、以下が列挙されている。「A　主として自分自身に関すること」＝［善悪の判断、自律、自由と責任］［正直、誠実］［節度、節制］［個性の伸長］［希望と勇気、努力と強い意志］［真理の探究］。「B　主として人との関わりに関すること」＝［親切、思いやり］［感謝］［礼儀］［友情、信頼］［相互理解、寛容］。「C　主として集団や社会との関わりに関すること」＝［規則の尊重］［公正、公平、社会正義］［勤労、公共の精神］［家族愛、家庭生活の充実］［よりよい学校生活、集団生活の充実］［伝統と文化の尊重、国や郷土を愛する態度］［国際理解、国際親善］。「D　主として生命や自然、崇高なものとの関わりに関すること」＝［生命の尊さ］［自然愛護］［感動、畏敬の念］。

鼎談で語られている「真実(事実)の尊重」には［真理の探究］(第五学年及び第六学年「真理を大切にし、物事を探究しようとする心をもつこと」)が関連すると解釈できるかは不明。

寺脇　たとえば昔話やイソップ物語を使うときに、イソップ物語はフィクションとしてこうなんだ、という前提がありますね。だから、「江戸しぐさ物語」というフィクションなのだったらそれはかまわないと思う。道徳の指導要領の関係で騒がれた「パン屋さんを和菓子屋さんに書き換えた」というのは、日本の伝統的なものを大事にしなければいけないから、という解釈があるでしょう。そうした場合、江戸しぐさは虚偽の日本の伝統だからまずいんじゃないの？　という話です。江戸しぐさという部分だけは排除できると思うんですけれども、江戸しぐさに書いてあるしぐさがいけないとは言えないと思うんですね。

青木　ただ、江戸しぐさは象徴的で、一見するとイデオロギーではないような装いをまといつつ、強烈なイデオロギー性も伴ってきますね。つまり、江戸時代の日本人はこんなに美しかった、日本人は昔からこういう礼儀正しい民族だったというストーリー。スピリチュアル的な似非科学であると同時に、極めて愛国主義的というか、道徳主義的というか、教育勅語などとも親和性があるのかもしれません。

寺脇　私も江戸時代はいい時代だったなと個人的には思うけれども、実際に当時の人がやってもいなかったことをそこまでもっていくというのは、青木さんが言われた通り、「日本は素晴らしい」的な話にもっていかれるおそれがある。

青木　僕は江戸時代の風俗についてよく知りませんが、寺脇さんのおっしゃる「いい時代」というのは、たとえば陰間茶屋だったり同性愛だったり、そういうものがごく当たり前のものとして許容されていた自由さ、多様さが醸し出している面もあるわけですね。しかし、江戸しぐさや教育勅語が醸し出しているのは非常に偏狭で薄っぺらな道徳です。しかもそれを国家が持ち出し、市民にご託宣を下すというのは本当に病的です。

寺脇　私だって正直、道徳なんかやるべきでないと思っています。けれどもやると決まったからには、やらなければいけない。いかに強制性を薄めていくのか、いかに自由度を高めていくのかというところで抵抗しなければいけないわけです。このごろ私も方々で組合なんかに呼ばれて、道徳の教科化はどうしますかというときには、教科書の使用義務というのはあるわけですから、教科書は一応そこにあるとして、教科書に「親を大事に」とか書いてあったとするならば、さっきも言いましたけれども、ぶん殴る親というのをどう考えるのか、殴る親にもいいところはないのかみたいな議論もあっていいだろうし。せめてそういう授業のやり方をしないといけないと思います。

面従腹背でいうと、実は日本の教師というのは一番、面従腹背がしやすいんですね。実際のところ教室の中で何をやっているのか誰もわからないわけですから。

木村　密室ですね、ある種の。

寺脇　そうそう。なので、たとえば「教育勅語を授業で使え」と言われて実際に使ったとしても、「こんなもの、覚える必要ないよ」と言ったとしたって、成り立つということはあるんですよ。それが公になってしまうとまずいけれども。極端にやると、昔の柳川の伝習館高校事件★みたいな話になってしまうわけですが。

木村　すごかったですね、あれも。

寺脇　あれは極端でしたからね。

★**伝習館高校事件**（最高裁平成二年一月一八日小法廷判決）

福岡県立伝習館高校の社会科担当教諭三名が一九七〇年六月、教科書を使用せず学習指導要領を逸脱した偏向教育を行ったとして懲戒免職になったことの取り消しを求める訴えを起こした。学習指導要領の法的性質と教師の教育の自由が争点となったが、判決は、学校教育法五一条、二一条の教科書使用義務に違反する授業をしたこと、高等学校学習指導要領から逸脱する授業及び考査の出題をしたこと等を理由とする懲戒免職処分は、各違反行為が日常の教科の授業、考査に対して行われたものであって、教科書使用義務違反の行為は年間を通じて継続的に行われ、その授業等は学習指導要領所定の当該各教科の目標及び内容から著しく逸脱するもので、処分は「社会観念上著しく妥当を欠くものとはいえない」とした。

寺脇　だから、現場でやれる余地はあるよ、何にでも抵抗の余地はあるんだよということを意識していくというのは大事だと思うんですね。最初に青木さんが言われた後退戦の戦い方みたいなことを、もうちょっと言っていかないと。昨日も大阪に行っていたんですが、本当に壊滅的ですよ。大阪で教師になりたいという人がいなくなって、どんどん辞めるし。教員採用試験で二次募集があったというのは初めてのことじゃないかというぐらい、とにかく大阪の教育環境は悪くなっている。でも、その大阪の体制のなかで、いかにしたたかにしぶとくやっていくかということを考えないと、本当に敗北主義になってしまう。

青木　今後の展望になりますが、道徳は教科化されてしまった以上、教科でなくなることは考えられないんですか。

寺脇　政権が代わればあり得ます。道徳の教科化をやめる公約を掲げて選挙に出る人も出てくるかもしれない。もう道徳なんてやらないよということに国民の支持が集まるということはあるかもしれないので、そこも含めて本来考えるべき話です。それは詰まるところ、国家が国民を教化するということがあり得るのかどうなのか、日本国憲法というのはそういうことを想定しているのかしていないのかという話につながると思います。

閣議決定の意味

寺脇　それから今回の騒動での課題として、閣議決定の理解が非常に曖昧になっている点がありますね。三月末に安倍内閣は教育勅語について「憲法や教育基本法等に反しないような形で教材として用いることまでは否定されることではない」との答弁書を閣議決定しましたが、閣議決定の法的拘束力というのが役人でさえあまりよくわかっていないんですよ。憲法的にはどうなるんですか。

木村　まず、閣議決定は内閣が決定するものなので、行政の最高意思決定の形式ではあるわけですが、当たり前ですけれども、憲法や法律に違反する閣議決定はやってはいけないし、やっても無効です。閣議決定をやる意味というのは、憲法や法律の条文を前提として、その執行の仕方にいろいろな裁量があるときに、「こういうやり方で統一しよう」というふうに行われる。これが憲法体系に沿う、正当な閣議決定なのだと思います。

寺脇　新聞なんか見ていると、閣議決定というのはその内閣の間しか通用しないという説明がよくなされているんですよ。つまり、安倍内閣の閣議決定というのは次の政権になったら効力を失うという解釈が、一部のメディアで行われている。

木村　そんなことはないです。

寺脇　次にそれを否定する閣議決定が行われない限り、有効だということですね。

木村　もちろんそうです。閣議決定を出しているのは安倍内閣ではなくて、「内閣」という国家機関ですから。

たとえば辺野古の基地建設の場合、小泉内閣と鳩山内閣の閣議決定に基づいて安倍内閣が進めています。政権が代わったから閣議決定を全部やり直さなければ全部失効するというものではまったくないです。

寺脇　そこが何か曖昧で、閣議決定というものが、たかが閣議決定だけれどもされど閣議決定みたいな、それこそ安保法制のときの集団的自衛権の閣議決定というのがなされたさいに、これは重大なことだと思ったけれども、あまり重大ではないと考えている人もいたりしたので。

木村　あの集団的自衛権の限定容認を決めた閣議決定に対しては、憲法九条の解釈を変えるにしてもその形式でいいのかという論点が、確かにあります。その後も、「昭恵夫人は私人」とかいう閣議決定までしているわけですね。

寺脇　あんな矮小な話が出てくるものだから、あまりたいしたものではないだろうというふうに思うけれども、非常に重要なものなんですね。「昭恵夫人は私人ではない」という閣議決定が出るまでは私人だということですね(笑)。

法の通じない学校というところ

青木　道徳の話に戻ると、お題目的な道徳を、つい受け入れてしまう素地が日本社会には戦後も連綿とあるのではないでしょうか。学校という場は、道徳的な規範が法を超えてしまう面もありますね。

明治憲法から日本国憲法になったうえでなお、道徳的にはいいというお題目がまかり通ってしまう現状をどうお考えですか。

寺脇　学校というところは、ある意味での法の支配なんですね。ものすごい決まりが決まっている。校則だの学校目標だのでがんじがらめになっていて、それを守らなければいけないということが刷り込まれていますね。道徳に反対している日教組が支配しているような学校だって、ルールはものすごく決まっているというような。

学校というところは、規則として何かをやらせるということに非常に親和的です。それは当然、近代学校というのは国民の創生、軍隊につなげていかなければいけないから、そういうことをやっているんだけれども。だから、近代学校を乗り越えていくということを今やらなければいけない。近代学校教育の息の根を止めてしまって一〇〇％学ぶ側に立ったような教育体制、それを「教育」と言ってしまうことが合わないのであって、「学習環境体制」と呼んだほうがいいのかもしれない。そういうところにもっていくということが一番です。そうなってしまえば、いくら権力者が全員に教え込もうとしたってできなくなってしまうみたいなことが可能にならないかな、と考えています。

その点で、可能性として私が期待しているのが電子教科書で、学校現場には二〇二〇年から導入されます。電子教科書は目下、ｉＰａｄで本を読むような話だというふうに理解されているし、たぶん導入時はそうなんだけれども、その先はオーダーメードの教科書ということになっていくと思うんです。一人ひとりが違う教科書を使う、一人の人間が学びたいことを教科書がＡＩの力で読み取るようなことすらできるようになってきて、その人間の学ぶ欲求に沿って知識を提供していくみたいなことが可能になってくれば、状況は大きく変わる。つまり、さっきから言っている教科書というのは、全員が同じものを使うから教科書なのであって、そうでなくなってしまえば、かなりそこは変わってくることができるのではないか。ちょっと楽観的というか、後退戦から少し前進できるところが出てくるとすればそこら辺かな、と私は思っているんですけれどもね。

木村　学校が法に支配された世界であるというのは、半分理解できますが、半分は違うなと思うところがあります。学校が規則の支配に非常に親和的で、かつそうやらないと回らないぐらいにたくさんの人がいるというのは、その通りだと思います。一方で私は、学校のなかでは法の支配が行き届いていない、という問題提起をしてきました。というのは、法の支配における「法」は一般的、抽象的なものでなくてはならない、普遍的に正当化できるものでなくてはなりません。しかし、学校の規則には、その趣旨もよくわからないし、なぜこんなルールがあるのか説明しろと言われても説明ができないし、当然普遍性もないというルールが非常に多い。

寺脇　確かに。おっしゃる通りです。

木村　そういう普遍性のないルールによる支配になってしまうと、人権上の問題に限らず、いろいろな問題が起きてきます。たとえば最近では、「ブラック部活動」が話題になっています。部活動は自主的な活動という位置づけのはずなのに、事実上、生徒にも教員にも部活動への参加が強制されていて、生徒の過負担や労働法の観点からは問題のある教員の過労原因になってしまっている。あるいは、体罰は暴行罪や傷害罪にあたるので、本来であれば刑事法という普遍的な法の下で対応されなければならないのに、教育、指導の名の下に見過ごされてしまっている。そういう意味で、法の支配というのは実は、学校とあまり親和的ではないのではないか。

頭から叩き込むタイプの規則の支配みたいなものと、お題目を唱えるだけの道徳というのは、非常に学校と親和性が高いというのは本当におっしゃる通りです。規則は本来であれば、人びとが共に生きていくために一緒につくり上げていくもののはずなのに、多くの人は、「規則はとにかく上から押し付けられるもの」というイメージを持っている。だから、学校の規則を一緒につくっていくという話にはなりにくい。日本会議などは、「会議」という名前でありながら、みんなで日本の規範を考えていくのではなく、彼らが考える規範を全ての人に押し付けるんだという感覚になっていて、それが道徳教育のあり方にも反映しているということなのであろうと思います。

寺脇　ご指摘の通りです。学校の先生と話していて「ちょっと生徒を小突いた」と言うので、「それは法律違反ですよ。体罰は学校教育法(第一一条)で禁止されているでしょう」と言うと、「法がなんだ」みたいなことを言うわけです。この子どもを矯正しなければいけない、つまり子どもの悪いところを正してやるという素晴らしい教育をしている、それは法に超越する、という考え方が確かに日本の学校現場には長らくある。やっと最近になって部活動や体罰の話にはだいぶけりがついたけれども、そういうことがようやく二〇〇〇年代になって出てきている。さっきの私の発言は雑で、学校には規則の支配はあるけれども、法の支配にはむしろ最も属していないところかもしれない。

だけれども、そこでもきちんと線引きができていなくて、大学には「学問の自由」という例外がかなり認められているだろうけれども、高校以下には一切認められていないんです。

青木　特に高校くらいの教育というのは大切だと思います。生徒たちが自分の頭でものを考え、できれば自治を成し遂げていくくらいのことができる。寺脇さんの高校時代の武勇伝（卒業式での「造反答辞」）などはその一つでしょう。逆に最近、灘校に不当な攻撃がかけられていると問題になっていますね。学び舎の歴史教科書を使っているといって、政治家や右派勢力からの嫌がらせやプレッシャーがかかっている。これこそまさに教育の敵です。

「近代国家に生きるうえでの基本セット」が弱い

青木　まとめとして、僕は今日これだけは言いたいと思って来たんですけれど、子どもに教育勅語を暗唱させるというのは、教育勅語の歴史的、あるいは政治的な問題点よりもむしろ、根本的に教育として最低だなと思うわけです。お上が通り一遍の道徳を説き、それを丸暗記するという愚劣さ、くだらなさ。本来の教育から一番遠いところにある営為です。

僕は一九六〇年代の生まれで、まさに戦後教育のさなかというか、その恩恵を全身で受けた人間です。だからいまだにありがたく思いつつ、かなり違和感を抱いた教師がいて、社会科担当のその教師は日本国憲法の前文を全員に暗記させ、授業のたびに一人ずつ暗唱させたんです。それはひょっとすると僕の血肉になったかもしれないけれど、冷静に考えると非常にくだらなかったと、今考えると思うんです。戦前と戦後の教育の陰翳を反転させただけだったんじゃなかったかと。

繰り返しになってしまいますが、たとえば学校で学ぶこと、特に義務教育の小中学校、あるいはその後の高校時代に学ぶべきは、知識そのものの大切さはもちろん否定しないけれど、自分で考える力というか、自分で生きる力を涵養することでしょう。ならば、その基礎としての近代史はもとより、立憲主義やメディアの何たるかをどうしてもっと教えてもらわなかったのだろうかと痛切に思う。教育勅語なんて最低そのものだけれど、戦後教育にも教育勅語的なものとの親和性が抜きがたく埋め込まれていたんじゃないか、だからこそ教育勅語を否定しきれないんじゃないかと思わざるを得ないんです。つまり、お上の説くものを丸暗記して「いいことを言ってるよね」「誰も否定できないよね」と言って安穏としていたんじゃないかと。

寺脇　おっしゃる通りです。戦後教育のスタイルが、ある時期まで有効だった部分があるとは評価しますけれども。

そう言われれば私も言いたいけれども、「ゆとり教育」はけしからんと岩波でも書かれたりしているぐらいですよ。

青木　ゆとり、いいと思いますよ、僕は。

寺脇　一般の人がなぜ「ゆとり教育」はけしからんと思ったかというと、たとえば台形の公式を教えないなんてとんでもない、計算の仕方のショートカットができていないのはおかしいみたいな話とか、それから元素周期表の丸暗記をなぜさせないか、という叩かれ方で、なぜ円周というものがあるのかということを考えるようにはできていない。そこが明治以来の、何でも暗記するという考え方の染みついたところなんでしょう。

最後に言っておけば、さっきの「主体的・対話的で深い学び」というのを本当に徹底してやってくれるんだったらありがたい話だと、『正論』の対談では、私はそのために安倍政権に続いてほしいとまで言っているんですね。「主体的・対話的で深い学び」について、「ゆとり教育」のときみたいに揺り戻しが来ても安倍一強体制なら押さえ付けられるだろう、みたいな皮肉でなんですけれども。

青木さんのおっしゃったことは教育論の本質であって、教育には成功と失敗があるわけだけれども、成功体験を引きずっていったら大失敗するというのは明らかだと思います。教育勅語を暗唱するにしろ、憲法前文を暗唱するにしろ。

木村　まず教育での選択の幅を拡大していくというのが寺脇さんのご指摘だと思いますが、私もそれはとても大事なことだし、今の教育現場はそれがすごく狭いというのはおっしゃる通りだと思います。でも当然、選択があればそこには格差が生まれていくという難点はあるはずですよね。

憲法や立憲主義、三権分立、あるいは近代史を全然教えないというのは、近代国家に生きる上での基本セットの教育が欠けているということですね。法の支配、立憲主義、近代の歴史に触れたがらないというのは、おそらく右とか左に関係ない、日本の教育の体質だろうと思います。そういうなかで選択の幅を広げてしまうと、「近代基本セット」を身につけられない、あるいはその機会を与えられることなく育っていく人がどんどん増えていくという危険があるのではないか。

神奈川新聞が日本会議の運動を紹介したところ、こんな素晴らしい運動があるのを知らなかった、子どもの教育が心配だから日本会議に入ったという読者が出てきたという記事がありました。つまり、選択の幅を広げれば、日本会議的な教育を選択する自由というのも生まれてしまう。国際社会のなかで安定的な関係を築ける国家を運営しようと思うなら、国民には「近代基本セット」の教養がどうしても必要です。個人の選択を認めつつ必須のものは取りこぼさないようにして、それらに反するものの影響を排除していく方法には、どういうことがあり得るでしょう。

寺脇 極端に言えば、昔の日本の教育というのは選択肢ゼロだったわけですね。現在の状況は、小学校だと一割ぐらいそういう部分で、九割は全員が同じことをやる。中学に入っても一割ちょっとぐらい。高校では、本来はうんとそこを広げていかなければいけないんだけれども、できていない。最終的には大学ですが、大学が選択の自由の対象になっていない。偏差値や学費や、そういうことで選んでいく部分があって、たとえば首都大学東京で哲学を学びたいというふうな選択ではなくて、授業料が公立だから安いから、偏差値がちょうどこれに合うからみたいな現実になっているのを変えられないのか。

おっしゃる通り、むやみに選択というのはよくないので、大学で完璧な選択をしてもらうために、高校ではその前段階としてテイクオフする部分をつくっていく。でも根っこのところ、小学校や中学校で一割ぐらいは自分でテーマを設定してやってみるとこんなに面白くて楽しいね、という体験をしていかなければいけない。

昨日は関西で高校生たちと彼らが企画・運営する形で教育について考える集会を持っていたんです。小学校のときに楽しかった総合的な学習というのがさっきの一割に当たる部分なんですけれども、自分でテーマ設定して自分でやっていくということに喜びを持っている。ところが今高校ではそれを受験、受験でやらせてくれない。「くやしいだろうけど、大学に行ったら思う存分やりな」と言ってやりましたけど、そういうなかでも実は、日本の高校教育も非常にのろいけれども変わってきているなと思えるのは、ある子が「学校の時間のなかに何でも探求していいという科目があるので、そこで私は開発教育をやっています」と言ったこと。あるいは、奈良県の県立高校には二校だけ、教育に関心のある子どもに合わせたカリキュラムを組んだコースのある高校があるというんです。
　それともう一つの問題として、小中学校で九割全員が同じことをやるその中身を詰めていかなければいけません。そこで近代史やメディア・リテラシーが教えられていないということのほうに問題があると思うんですけれども、オールフリーではないから、その共通項とは何か。道徳も全員がやらなければいけないことになっているけれども、全員がやらなければいけない部分の見直しということをしなければいけないという問題はあると思うんですね。

木村　メディア・リテラシーや近代史をちゃんと教えようというのが政治的に主流にならず、道徳教育を教えようというのが主流になりやすいのは、なぜですか。

寺脇　右も左もそうだけれども、政治というものは、ある種の教条なのかもしれない。多様な見方をすることがメディア・リテラシーですよと教えますが、近代史の解釈というのは一通りではないわけで、たとえば先の戦争をどう理解するかということについて、侵略戦争というふうに教え込むのにも問題があれば、自衛戦争だと教えることにも問題がある。でもそういう複雑な教育はなかなか現場に入りにくくて、近代史を結局教えてこなかったのも(授業時間数が足りなくなって終わっちゃうという面も確かにあるけれども)、何かやっぱりそこのところがやりにくいなと思われるところがあった。それを乗り越えて、あらゆる人に、考え、議論する近代史みたいなかたちで教えていくようなことができないかなと思うんです。
　これは実は教科書の問題でもあって、さっき灘校が学び舎の教科書を使っているという話がありましたが、学び舎を使っているから灘校の教育は偏っているという考え方も間違っているので、その教科書を使って「ちょっとこれはやり過ぎだよね」みたいな議論をしたってかまわないわけですよ。逆に、若い歴史の先生と話していたら、「もし育鵬社の教科書をうちの学校では使えと言われたとしたって、私は私の授業ができます」と言われたこともあるんですね。教え方次第であって、教師の力量が問われるところでしょう。

木村　なるほど。

寺脇　そこは今回、道徳の教科書で教える側に問われると思うんですよ。道徳というのはすべての先生が教えなければいけないから、そこで教師に、教条的な教育をするのか、考え議論する授業にするのかどうかということが問われる。その点は強く、訴えかけたいですね。

（二〇一七年八月七日）

●執筆者紹介

高橋陽一(たかはし・よういち)　1963年生まれ．武蔵野美術大学造形学部教授．日本教育史(宗教教育・国学)．『道徳科教育講義』(共著，武蔵野美術大学出版局)，『教育勅語の何が問題か』(共著，岩波ブックレット)など．

齋藤公太(さいとう・こうた)　1986年生まれ．國學院大學研究開発推進機構日本文化研究所助教．日本思想史・宗教史．「明治国学と『神皇正統記』——刊本・注釈書から見る受容史」(國學院大學研究開発推進機構紀要，第9号)，『現人神から大衆天皇制へ——昭和の国体とキリスト教』(共著，刀水書房)など．

辻田真佐憲(つじた・まさのり)　1984年生まれ．作家・近現代史研究者．『大本営発表——改竄・隠蔽・捏造の太平洋戦争』(幻冬舎新書)，『文部省の研究——「理想の日本人像」を求めた百五十年』(文春新書)など．

長谷川亮一(はせがわ・りょういち)　1977年生まれ．千葉大学大学院人文公共学府特別研究員．日本近現代史．『「皇国史観」という問題——十五年戦争期における文部省の修史事業と思想統制政策』(白澤社)，『地図から消えた島々——幻の日本領と南洋探検家たち』(吉川弘文館)など．

原　武史(はら・たけし)　1962年生まれ．放送大学教授．日本政治思想史．『昭和天皇』(岩波新書)，『〈女帝〉の日本史』(NHK出版新書)など．

井戸まさえ(いど・まさえ)　1965年生まれ．東洋経済新報社を経て，経済ジャーナリストとして独立．2005年より兵庫県議会議員，2009年衆議院議員に初当選．無戸籍問題などに取り組む．『無戸籍の日本人』(集英社)，『日本の無戸籍者』(岩波新書)など．

斎藤貴男(さいとう・たかお)　1958年生まれ．ジャーナリスト．『国民のしつけ方』(インターナショナル新書)，『機会不平等』(岩波現代文庫)など．

寺脇　研(てらわき・けん)　1952年生まれ．元文部官僚，京都造形芸術大学教授．『文部科学省——「三流官庁」の知られざる素顔』(中公新書ラクレ)，『これからの日本，これからの教育』(共著，ちくま新書)など．

青木　理(あおき・おさむ)　1966年生まれ．ジャーナリスト．『日本会議の正体』(平凡社新書)，『安倍三代』(朝日新聞出版)など．

木村草太(きむら・そうた)　1980年生まれ．首都大学東京社会科学研究科法学政治学専攻・都市教養学部法学系教授．憲法学．『憲法という希望』(講談社現代新書)，『日本一やさしい「政治の教科書」できました．』(共著，朝日新聞出版)など．

徹底検証 教育勅語と日本社会
——いま、歴史から考える

2017年11月22日　第1刷発行
2018年1月25日　第2刷発行

編　者　岩波書店編集部

発行者　岡本　厚

発行所　株式会社 岩波書店
〒101-8002 東京都千代田区一ツ橋 2-5-5
電話案内 03-5210-4000
http://www.iwanami.co.jp/

印刷・三秀舎　製本・松岳社

ISBN 978-4-00-061233-3　　Printed in Japan